Ich hätte lieber nicht geboren werden sollen, sagte Mama

Julia Zeiss

Julia Zeiss

Ich hätte lieber nicht geboren werden sollen, sagte Mama

Vom Pflegekind ins Rotlichtmilieu

AUTOBIOGRAFIE

DeBehr

Herausgeber: Verlag DeBehr, Radeberg
Erstauflage: 2019
ISBN: 9783957536938

Inhalt

Danksagungen

an alle meine Geschwister, an meine gesamten lieben Freunde, Leute, die ich durch Zufall kennengelernt habe. Aber ein Dank, nur für mich selbst. Das Buch habe ich gar nicht für die Welt da draußen geschrieben, sondern um mal eben eine Suchtverlagerung begehen zu können, bevor ich mir eine Pistole an den Kopf gehalten hätte.

Was soll's?!
Ich bin fertig und liebe mich selbst.

Ich bin in Ordnung! – Du bist in Ordnung! Das ist Wahrheit!
Und Wahrheit ist Gesetz!

Vorwort

Dummheit wird selten so bestraft, wie Klugheit.
Denn Wissen ist Macht und nebenbei ein wertvolles Geschenk von großer Verantwortung!

So, also das geht gar nicht. Immer wurde mir bloß vorgeworfen, wie dumm, fett und hässlich ich doch sei. Abgefuckte Nuttenschlampenhure würde sich als neuster Modename sicher auch gut machen. Boah, vom Rotlichtviertel ab zum Größenwahn. Das ist mein damaliger absoluter Hip gewesen. Na, manchmal denke ich schon noch an diese Zeit zurück, aber es kann ja schließlich nur bergauf gehen. Ziemlich anstrengend, wenn immer so viel los ist. Und überall so viele Steine im Weg blöde herumliegen und ich so bestimmt 15 kg Übergewicht mit mir herumschleppe. Und mich dauerhaft auf der Flucht befinde.
Tja was soll's. Mir ist sowieso alles egal.
Ich habe echt zu viel geschrieben. Denn das absolut dickste Buch der dicksten Bücher bin ich selbst, als lebender Beweis. Fertig!

Und wisst Ihr, wie ich das schon wieder herausgefunden habe? Ich nehme ein Blatt Papier und eine Waage und mich selbst und lese nebenbei diese Textzeilen vor. Das war's. Das Ende. Also wenn ich so nicht zu meinem verdienten Erfolg kommen würde, wie dann?

Eine überzeugende Leseprobe, von einem tief verletzten Kind, was die Gesellschaft instrumentalisiert, um noch ein wenig mithalten zu können. Außerdem tragen Unschuldsopfer Windeln und Erwachsene gehen in den Puff. Wer mehr über mich und mein Leben erfahren will, der sollte sich mal schnell heranhalten, bevor ich vor Klugscheißerei und Angst mein Geschäft in abgrundtiefe Schulden starte und mir die Windeln am Ende doch noch ausgehen!

Überzeugt?

Krise - Der Sprung vom 5-Meterturm

Mit dem Fehler leben zu können, einem unschuldigen Kind meine Angst übertragen zu haben, das lässt mich nicht mal mehr eine Nacht ruhig schlafen. Ich ging eines Tages schwimmen und so lange ist es noch gar nicht her. Ich war im Waldfreibad und habe mir fest vorgenommen, keine Angst mehr zu haben. Ich wollte mir wohl selber beweisen, dass ich es schaffen kann, vom 5-Meterturm zu springen. Aber nein. Ich habe es nicht geschafft, weil ich erwachsen bin und mittlerweile auch nein sagen kann und gelegentlich mal sollte. Es sind ganz viele Leute von dem Turm gesprungen und ich traf eine andere junge Frau. Sie hat sich ebenso wenig getraut, dort hinunterzuspringen. Aber zwei kleine Kinder, die haben es einfach so gemacht. Ich stand fast den halben Nachmittag einfach nur da und habe gezittert. Am ganzen Körper, Leib und Seele. Es war so schlimm für mich, dass mir selbst dieser 7-jährige Junge nicht weiterhelfen konnte. Er schaute vom Beckenrand zu mir hoch, als ich es wirklich vorhatte zu springen. Er lächelte mich an, aber es ging nicht. Ich bat ihn hochzukommen, indem ich ihm zuwinkte. Ich dachte, vielleicht schaffe ich es, wenn ich mit ihm zusammen hinunterspringe. Aber auch das ging nicht. Wir standen gemeinsam da. Wir unterhielten uns und er sagte mir: "Ich denke, das Schlimmste, was man haben kann, ist Angst!" Und ich gab ihm meine Hand. Er hielt mit mir gemeinsam meine Ängste aus, weil ich es alleine nicht mehr konnte. Dass es ein Fehler meinerseits war, das habe ich später auch bemerkt. Es war keineswegs in Ordnung, meine Ängste auf ein Kind zu übertragen, das sich danach selber nicht mehr traute, vom 5 Meterturm zu springen.

Er erzählte mir: "Meine Mama traut sich nicht mal, vom 1-Meterbrett zu springen." Und er redete weiter: "Mit 6 Jahren habe ich mich das auch noch nicht getraut, vom 5-Meterbrett zu springen!" Seine Worte waren Balsam für meine eigene verletzte Seele. Er war in dem Augenblick da, als ich ganz alleine war. Und ab dem Tag habe ich beschlossen, keine Angst mehr haben zu wollen, weil es mir absolut gar nicht mehr gut ging, als ich nach Hause gefahren bin. Ich war todtraurig, dass ich mich noch nicht mal traue, mit jemandem von einer Klippe zu springen! Seine Worte trafen mich und ich weinte und weinte, weinte an dem Tag. Ich war so traurig und habe mich so geschämt, für mein verantwortungsloses Handeln in dem Augenblick. Er ist 7 und ich 23 Jahre alt. Okay. Das Happy End war, dass wir beide nicht mehr sprangen und er mich fragte, ob wir stattdessen vom 3-Meterbrett springen wollen. Ja, sagte ich und wir sprangen. Erst ich und danach er. Ich hoffe, er hat jetzt nicht wegen mir sein Leben lang Angst und ich wünsche mir, dass er sich auch ohne mich weiterhin traut, vom 5 Meterturm zu springen. Er sagte mir: „Wenn ich springe, dann bin ich frei!"

Das wäre nun wirklich fatal, aber auch nicht zu ändern

Traumen hinterlassen Spuren und das nicht so offensiv wie ein gebrochenes Bein. Diese Wunden können heilen, aber kann ein Herz wieder anfangen zu schlagen, wenn es bereits gestorben ist?
Ich kann zwar etwas fühlen und mit allen Sinnen dabei sein, aber nun ist es endgültig aus und vorbei! Was schreibe ich hier eigentlich für Textzeilen. Ob diese nun wirklich in ein Buch gehören oder nicht, das bezweifle ich gerade und will eine Offenheit für Suizidalität schaffen und den Weg dafür freiräumen. Suizidgedanken sind die eine Sache. Sie in die Tat umzusetzen die andere. So besteht mit meiner psychischen Erkrankung immer ein Restrisiko, mich selber zu suizidieren. Klar. Es sind harte Worte, aber so geht es doch unendlich vielen Menschen auf und in der Welt, nur meist nicht mehr mit 23, denn sie sterben entweder schon alle vorher oder tun es später irgendwann.

Das innerliche Totsein und Verrotten meiner selbst, hat gar nicht so viel Schaden angerichtet, wie ich es immer gedacht habe. Die Vergewaltigung war wohl das Beste, was mir je widerfahren ist. Ein Aufwachen. Erlangen meiner Stimme und ein weiteres Trauma. Würde dieses Trauma derzeit noch zusätzlich reaktiviert werden, dann wäre es mein Todesurteil. Das ist mir mittlerweile mehr als bewusst geworden. Deswegen ist es so unglaublich wichtig, so realitätsnah wie möglich zu bleiben und auf alle Gefahren positiv eingestellt zu sein. Auch mit Windeln tragen und barfuß laufen.

Ich bin traurig. Wieder jetzt. Ich esse Schokolade, aber davon werde ich auf Dauer irgendwie immer nur fett und mein Körper erträgt keine Fettpolster, weil das zu schwer wäre. Mein Leben war schon schwer genug und deswegen sollte ich mich viel an der frischen Luft bewegen. Und Sport machen. Das hilft jedenfalls immer und überall!

Vergewaltigung, im Vergleich zu Todesfällen. Vergewaltigung ist sehr, sehr schlimm und keineswegs in irgendeiner Weise schönzureden, aber einen Todesfall als Kind mitzuerleben, das ist wohl auch nicht viel besser. Und jetzt?
Beides ist wohl sehr scheiße gewesen. Aber nichts ist schlimmer als der Tod, wenn man selber leben will. Wenn der Wille zum Leben auftaucht und das tut er rein automatisch schon, beim Akt des Geschlechtsverkehrs, weil jeder Mensch, der weiß, wie sich ein Orgasmus anfühlt, wohl weiß, das könnte man wohl öfter mal haben.
Weil es sich echt schön anfühlt. Also finde ich. Ich weiß ja nicht, ob ich biologisch vielleicht doch anders bin, als andere Menschen. Aber Sex wollen zu 99 % alle Menschen auf der Welt haben und das kann keiner leugnen. Bis auf Unschuldsopfer. Das sind Kinder. Und Kinder haben keinen Sex!

Wusstest ihr, dass ich mich anscheinend als 10-jähriges Kind schon strafbar gemacht habe. Mein Freispruch gilt wohl allen, die sich selber in meinem Buch wiederfinden können. Wisst ihr, ich hatte da mal eine sehr gute Freundin. Und sie ist bei Eltern mit Alkoholproblemen aufgewachsen und die Eltern waren anscheinend beide sehr spielsüchtig. Na ja, das nur mal so am Rande bemerkt. Es war alles sehr chaotisch und es roch nach Katzenurin, mit Schimmel an den Wänden und dreckigen Klamotten überall verteilt. Aber ich habe mich so wohlgefühlt. Ich war so gerne bei ihr. Und sie hatte damals zwei Geschwister. Eine kleine und eine große Schwester.
Ich habe ihr im Übrigen mal eine CD geklaut, die ich bis heute noch höre. Na ja. Einmal habe ich bei ihr zu Hause übernachtet

und wir spielten im Chaos und kümmerten uns um uns selber sehr gut. Ich wollte aber mit ihrer kleinen Schwester spielen und wir bauten später ein riesiges Schlafparadies auf. Überall mit Kissen und Decken verteilt und dann in der Nacht wachte ich auf. Ich bin zu ihrer kleinen Schwester ins Bett gekrabbelt und wollte, dass sie sich in die Hose pinkelt, weil ich es sehr erregend fand. Ich fasste ihren Unterleib an und sie wurde irgendwann wach und fragte mich, was los sei? Ich erfand irgendetwas und schlich wieder weg. Ich musste selber voll nötig zur Toilette. Aber in die Hose pinkeln, das passierte mir eigentlich immer nur zu Hause oder unterwegs oder hier und da und, und, und. Ich war wohl noch nie so besonders trocken zwischen meinen Beinen.
Was mich wohl am meisten an der Tatsache irritiert, dass ich bis zu meinem 20. Lebensjahr noch nie Sex hatte und keine Ahnung von irgendetwas hatte. Alle dachten das immer, aber ich und Sex? Was will ich damit? Was ist das? Darüber habe ich in der Pflegefamilie nie gesprochen und hatte echt auch keinen Aufklärungsbedarf. Meine Pflegemutter erzählte mir irgendwann einmal so merkwürdige Sachen. Sie meinte, ich könne mich ruhig selber anfassen. Da ist nichts Schlimmes bei. Und ich verstand nur Wirrwarr, was sie mir erzählte. Mein Leben änderte sich schlagartig, als mir das Trauma mit 21 Jahren zum ersten Mal wieder hochkam und ich alleine in meiner Wohnung war und beschloss, eine richtige Hure zu werden. Ich machte es genau, lass mich lügen 4 oder 5 Nächte lang und hab's hingeschmissen. Warum auch immer. Also anscheinend stehe ich ja total darauf, mich vergewaltigen zu lassen. Aber dem ist nicht so, denn es ist keinesfalls meine eigene Schuld, sondern die Leute, die nie da waren und mich verstörend zurückließen und ich mit 11 Jahren noch mit meinen eigenen Fantasiefreunden spielte. Das hat echt Spaß gemacht. Von außen so viele Geister sehen zu können. Also bin ich wohl doch

nichts weiter als ein zurückgebliebenes, schizophrenes kleines Kind geblieben. Das wollte ich bestimmt schon immer mal. Aber die Tatsache, dass ich hier bin und biologisch 23 Jahre alt bin, und Windeln trage, um einen Lustgewinn durchs Hineinurinieren zu schaffen und meine Trauer in eine Art Ventil packen kann. Das ist nun wahrlich echt krank. Mehr sag ich dazu nicht, weil ich es weiß und nur selber einen verantwortungsvollen Umgang damit schaffen kann. Das ist wohl das Peinlichste und Ehrlichste, was ich je aufgeschrieben habe. Vielleicht bin ich auch eher durch meine Bloßgestelltheit oder Bescheidenheit so erregbar. Kein Wunder, warum ich es im Puff nur ein paar Tage ausgehalten habe, um danach flüchten zu können.

Wäre ich in der Rolle des Opfers geblieben, dann würde ich bestimmt keine Texte schreiben, sondern bereits tot sein. Das ist nachvollziehbar, oder? So schlimm ist das nämlich für mich.

Und damit das klar ist, das ist alles kein bisschen lustig und wehe, es lacht mich jemand aus. Dem strecke ich die Zunge heraus und laufe danach weg und komme wieder und umarme ihn. So ist es, krank zu sein, wenn die Symptomatik gravierend krass da ist und ich Stunden brauche, um da wieder herauszukommen. Das erklärt wohl die ständige Verzweiflung. Aber trotz alledem habe ich es wie jeder andere Mensch auch auf der Welt verdient, geliebt zu werden.

Mit 16 Jahren habe ich im Übrigen die Schnulliphase nachgeholt. Ich habe Nachholbedarf und das ganz viel und überall. Wenn ich jetzt ein Kind sein will, dann kann ich das, aber wenn ich Sex haben will, dann brauche ich einen Freund, der mich erträgt und der mich auch in Ruhe lässt. Aber so komme ich wohl ganz gut single und autonomisiert zurecht und bin

Kind, genauso wie gleichzeitig erwachsen, was sich derzeit wie ein echtes Fremdwort anfühlt. Also. Was will ich mehr?

Der Goldene Schuss

Viel schrotter als Schrott kann man mich wohl eh nicht mehr machen. Vielleicht muss ich jetzt sterben. Also es liegt doch jetzt auch wirklich mit an der Gesellschaft, mich in meiner Traurigkeit und Verlassenheit in diesem Buch und besser gar noch als Menschen zu sehen. Ich bin traurig. Ich brauche Hilfe und irgendwie bin ich immer genau dann ganz alleine, wenn ich absolut traurig bin. Kein Mensch ist dann mehr da! Boah, hasse ich die Welt. Weil ich traurig bin und alle immer nur so viel von mir wollen und mich immer nur unter Druck setzen. Ich habe auch Angst und Wut im Bauch und ekle mich manchmal schon vor mir selbst. Und ein Schuldgefühl immer dann, wenn ich nein sage. Und Scham bei dem leisesten Widersetzen, dass ich gerade einfach nur mal für mein Recht kämpfe und aufstehe, um nicht länger am Boden liegen zu bleiben. Hallo! Dann wären wir durchgefickten Missbrauchsopfer ja schließlich nicht das, was wir heute sind: Nämlich frei, wenn wir alleine aus unserem Gefühl heraus handeln. Verstand kann helfen, aber ist das wirklich alles im Leben? Ich befürchte, ich werde bald sterben. Vermutlich werden jetzt alle Menschen lachen und sich im Ernstfall wundern. Ich habe angefangen zu leben und es ist das Schönste, was ich je getan habe. Es ist jetzt wohl alles vorbei und ich bin todtraurig, anstatt mich auch mal freuen zu können, über diese Schriftwerke. Ne ich bin TRAURIG!!! Mir ist alles egal. PÜH! Ich wollte schon immer mal ins Prominentheitswesen dieser Welt mit eintreten. Also ja, ich muss bald sterben. Ich hoffe nur emotional und nicht, dass ich mir jetzt echt im Ernst den Goldenen Schuss setze. Ne, das käme jetzt äußerst ungünstig. Und Drogen sowie Alkohol und Cannabis nehme ich absolut gar nicht mehr. Tabletten schon noch. Drei Stück, um genau zu sein. Eine für die Schilddrüse, eine für meinen Magen und ein Anti-Depressivum (was anscheinend bei Depressionen helfen soll, aber ich nichts davon spüre). Also ich denke, ich bin hiermit schon in die Provinz meiner Milliardärs-Zukunft eingestiegen und hoffe auf den aller-, aller-, allergrößten Erfolg, berühmt zu werden. Das will ich kurz vor meinem Tod noch schaffen. Ja, das habe ich mir schon immer einmal gewünscht. Können Wünsche wahr werden? Ich will eine Bühne und Rampenlicht nur für mich alleine haben und eine Welt voller Menschen um mich herum, aber was viel wichtiger ist, ich will, dass meine Freunde bei mir sind und mich auffangen, wenn ich keinen Bock mehr auf diesen Scheiß haben sollte. Ne, ich bin ja krank und kann eh nichts. Ich bin ein Baby und zieh mir schon freiwillig Windeln an. Ne, ne. Ich bin da! Ich bin auch da! WARUM SIEHT MICH KEINER? Na klar, weil ich ja nur 1,60 m groß bin und einen Humor für den Rest der Welt hier im 21. Jahrhundert über habe. Das ist doch echt die Schlagzeile des gesamten Universums. Ja, die Welt braucht Spaß, aber noch viel wichtiger sind Schutz und Grenzen. An alle sexuell gesteuerten Männer dieser Welt. Sex ist eine zu kontrollierende Sache und Körperfunktion, aber Spaß, den könnt Ihr auch weiterhin haben, nur halt anders. Findet es heraus und lasst mich in Ruhe. Ich bin ein Allrounder und kann sehr gut auf mich selber aufpassen. Mit oder ohne Survivalbackkoffer. Also ja, ich bin wohl auch in der Lage, alles überleben zu können. Mag doch kommen, was wolle. Ich schenke der Welt mein liebendes Herz, denn ohne Herz hätte ich gerne direkt einen Sarg geliefert.

Also wenn das so ist

Es geht nicht. Nein, weil:

1. ich nicht der einzige Mensch auf dieser Welt bin, auch wenn ich es fast 24 Stunden täglich so meine und es sich gar nicht mal so schlecht anfühlt,
2. ich wohl kaum der einzige Mensch bin, der einen Todesfall innerhalb der Familie erlebt hat,
3. es einen Planeten voller Menschen gibt,
4. ziemlich ungerecht diese abgefuckte Welt
5. ist alles nicht so einfach,
6. Ich bin bockig und schreibe jetzt eine Liste mit Chaos anstellen im Chaos!
7. alles überkopf
8. mir dreht sich alles,
9. eine ziemlich gewagte Achterbahnfahrt, denn älter als 12 Jahre bin ich wohl nie geworden, aber zumindest eine Bestseller-Buchautorin.

Fangen wir doch gleich mal an:
Jetzt mische ich mich mal, so dreist ich auch bin, mal wieder mitten ins Geschehen ein und teile mit, Weinen ist echt anstrengend. Auch wenn Fühlen nicht eine meiner Lieblingsspeisen zum Mittagessen ist. Da schmecke ich lieber, anstatt das Essen zu fühlen. Eine Frage, die sehr wichtig ist: Kann man Essen abgesehen von der Temperaturhitzeregulation, fühlen? Geht das? Ich hab's wirklich noch nie ausprobiert.

Prostitution ist kein gesundes Mittel zur Trauerbewältigung, sondern eins der gefährlichsten Dinge, die ich jemals in solchen Augenblicken immer tat. Nein, auf gar keinen Fall. Abgesehen davon, dass ich mich anscheinend auch ohne im Rotlicht zu stehen ganz gut auf der Nulllinie halten kann und bisher keinen lebendigen Atemzug mehr tat. Vor Schreck habe ich das Atmen ganz vergessen. Mein größter Feind ist wohl meine Angst. Angst, dass ich leben könnte und ein echter Mensch aus Fleisch und Blut bestehend bin. Tatsache. Aufgenommen in der Pflegefamilie, dort ging es zu dem Zeitpunkt noch nicht, spürte ich nichts mehr. Nulllinie, ja gerade stehen, balancieren und ernst sein. Dabei muss ich mir ja jetzt schon das Lachen verkneifen.

Gegenteiltag spielen, ja das macht Spaß.
Das habe ich mir nach dem Tod unserer Mutter immer mit meinem kleinen Bruder ausgedacht. Okay, das Beste was man anstellen kann, im Winter bei Minusgraden keine Jacke mehr anzuziehen und im Hochsommer bei stechender Hitze mit einem Wollpullover, Mütze, Handschuhen, Schal und dicken Schuhen herumzulaufen. Das macht Spaß, ja.

Das sollte ich morgen noch einmal machen, wenn ich zur Gerichtsvollzieherin gehe, die ja anscheinend gut sein soll, wenn es um Familienrechte geht. Da kann sie sich ja gleich mal für mich einsetzen. Wehe sie ist eine Flasche und hilft mir nicht. Ne, das ist doch bescheuert. Und einen Anwalt, der gut ist, in der heutigen Welt zu haben, das ist wohl sehr vernünftig. Auch wenn ich der Meinung bin, dass ich es auch allein schaffen könnte. Aber mir traut ja nie jemand etwas zu. Das ist eine absolute Frechheit.

Gegenteilspiele können des Weiteren wie folgt aussehen, so viel Schokolade essen zu können, wie man will und dann kein Gramm zunehmen. Und gesunde Nahrungsmittel ablehnen und nur an Gewicht zunehmen, wenn man diese nur sieht.

Mein kleiner Bruder, ja er fehlt mir und ich habe etwas mir bisher Unverzeihliches getan.
Herzlosigkeit mit 11 Jahren. Mama war in dem Altenpflegewohnheim oder zur ambulanten Sterbehilfe dicht bei uns gewesen. Mein kleiner Bruder und ich gingen sie fast täglich besuchen. Ich auf jeden Fall, weil ich am liebsten für immer bei ihr geblieben wäre. Mama und ich. Sonst kann ich nicht mehr leben. Nein, auf gar keinen Fall. Mama. Mama. Mama liebte Seidenmalerei und schenkte mir kurz vor ihrem Tod zwei Seidentücher. Sie waren kunterbunt bemalt und ich hütete sie wie einen wertvollen Schatz. Eines Tages, als ich Mama noch einmal besuchte, da ging ich mit ihr draußen spazieren. Viel eher schob ich sie mit dem Rollstuhl durch die Gegend und wir hielten irgendwann an. Dort gab sie mir ihre letzten jemals zu mir gesprochenen Worte mit auf den Weg: "Es wäre besser gewesen, wenn es Dich und deinen Bruder nie gegeben hätte!" Boah, das saß, wie ein Pfeil, der mich bitter im Herzen traf. Zum Glück gibt es ja genügend Psychotherapeuten, die den Knacks wieder reparieren können. So etwas machen nur Mütter, die zu lange an Krebs litten und nicht, weil sie deswegen unbedingt schlechte Mütter sein müssen. Ne, das nicht.

Um mich bei meinem kleinen Bruder entschuldigen zu können, schreibe ich alleine nur für ihn diese Textzeilen auf: Ich sah ihn jedes Mal, bevor wir morgens zur Schule gingen, dort sitzen und er weinte. Weinte ohne Ende. Meine Pflegemutter sagte immer, er solle aufhören zu weinen und schickte ihn alleine mit seiner Trauer zur Schule. Da es wohl eine bittere beschützende Familie war, die aber nicht hinter die Hautoberfläche schaute, sondern uns alleine mit unseren Gefühlen dort sitzen ließ, gab es keine Hoffnung mehr. Nein von außen fein, von innen aber sehr einsam!

Ich fühlte mich über die Jahre hinweg wie in einem goldenen Käfig. Gefangen und eingesperrt in mir selbst. Kein noch so tiefes Durchdringen an Worten berührte mal mein Ego. Auch dann nicht, als mich mein kleiner Bruder eines Tages um etwas fragte. Er sah mich mit seinen kleinen traurigen Augen an und fragte nach einem dieser Seidentücher. Ich habe ihm damals keines gegeben und mittlerweile ist es Vergangenheit und ich habe sie wohl zu oft gewaschen und vor Kaputtheit entsorgt.
Dass ich mich selber als so unendlich wichtig empfand und keine Rücksicht mehr auf jemand anderen nahm, das sticht mir bis heute ins Mark. Aber andererseits war ich wohl auch nur eins dieser fällig gewordenen Opfer, die unter dem sexuellen Missbrauch unter unserem Vater sehr litten. Ich liebe allerdings meinen Vater. Anzeigen und zur Polizei gehen ist eine Sache und auch völlig legitim, jemanden die Schuld zu vergeben und danach die Hand wieder zu reichen, eine komplett andere.

Ein Dank an meine supertolle, geniale Familie, die immer für mich da ist und wir alle so weit entfernt auf der Welt verteilt leben, aber uns dennoch unsere Geschwisterliebe für immer vereint hat. Ich liebe euch alle. Ich hab wohl eindeutig sehr viel zu tun und mal sehen, wie viele Bücher ich wohl noch schreiben werde.

Was mich überhaupt auf die Idee gebracht hat, das waren die Leute, die meine Intelligenz zu schätzen wissen. Ganz viele Sporttrainer. Und meine Freunde. Ein eigenes Buch über meine grandiosen Freundschaften muss ich demnächst wohl auch noch schreiben. Ja, das muss wohl so sein. Ein Dank an meine allerliebste Lieblingsfreundin. Ohne sie zu fragen, ob ich sie mal eben mit veröffentlichen soll, mach ich es einfach. Wer hat denn als Kind noch nie davon geträumt, berühmt zu werden und Erfolg zu haben?

Eigentlich sind solche Buchfabrik-Dinger doch mehr dazu nützlich, um mein wertvolles Wissen zu veröffentlichen, aber nicht so cool, um all die Rechtschreibfehler hier herauszumachen. Ich will nicht nur das dickste Buch der Bücher schreiben, sondern auch mal eins mit den wohl hoffentlich allermeisten Rechtschreibfehlern. Ich muss da wohl mit zum Gericht gehen, wenn jemand meine Fehler ohne meine Zustimmung ausradieren will. Nein, nein. Da ist es wieder, das kleine, bockige Kind. Was gerade nicht sonderlich viel Einsicht hat und längerfristige Konsequenzen meist erst im Nachhinein bedenkt.
Upps. Da läuft mir ja glatt die Windel über. Scheiße, ich bin ja schon groß und kein Baby mehr. Und Menschen sind als fehlbare Wesen einst geboren. Was wäre die Welt ohne Fehler? Ein Planet des heutigen Zeitalters, wo man als Allrounder schnell mal untergehen kann. Weil Allrounder Kinder sind, die einfach alles können. Tja. Das bin wohl ich und niemand sonst. Ich bin ein Unikat. Und selbst für den Fall, dass mir einst mein Wissen gestohlen werden sollte, ist mein Herz bei mir und in meinem Herzen. Denn das ist oberstes Gebot und Wahrheit ist Gesetz. Und ein Vorankommen gelingt wirklich nur mit Ehrlichkeit und Offenheit! Welch wahre Worte.

Und mein Buch liebe ich sowieso über alles! Ich glaube, ich bin narzisstisch. Kann das sein? Und ein bisschen größenwahnsinnig. Jedenfalls im Wörter und Sätze bilden und aufschreiben. Das macht mir am meisten Spaß. Ja! Schreiben ist sehr lustig! Und Bilder malen auch.
Ich schreibe, was ich denke. Tagebuchlesen verboten.

Meine innere Landkarte – als Wegweiser

Zu Beginn meiner Entstehung, durch die Vereinigung des Spermas meines Vaters in die Eizelle meiner Mutter bin ich entstanden. Ich würde mich gerne einmal bei allen Zuhörern persönlich vorstellen. Ich heiße Julia Zeiss und befinde mich derzeit in meinem 24. Lebensjahr. Ich wohne zu Hause. Es resultiert nicht einfach ohne Grund daraus, dass ich hier wohne. Mein Informationsschriftwerk soll der Gesellschaft helfen, das Stigma endgültig aufzulösen.

Das Stigma beginnt im Grundgefühl der Menschheit. Das Grundgefühl, in der Gewissheit leben zu können: Ich bin in Sicherheit und habe alles, was ich für mein inneres Wachstum und die daraus entstehenden Quellen des Lebens benötige.

Ganz einfach. Ich bin in Ordnung, so wie ich bin! Meine Gefühle sind alle richtig. Ganz einfach: Weil wir's können!

Da es auf einer wahren Begebenheit beruht, spreche ich hiermit wohl für mich selber und allen anderen Menschen auf der Welt, denen etwas Ähnliches widerfahren ist oder sogar noch viel Schlimmeres, aus eigener Betroffenheit.

Jetzt erst fange ich an, die gesamten Zusammenhänge zu verstehen und nutze meine mir selber logischen Gedankenwege, um zu schreiben. Mich frei zu schreiben. Für die Welt, für andere Menschen, für Kinder, einfach für alles, was sich für diese Worte so interessieren lässt, wie sie es bei mir tun.

Mein Stigma fing schon an, als ich noch als kleiner Embryo, im Bauch meiner Mutter heranwuchs. Auf biologischer Grundlage, der DNA und dem Erbgut, lässt sich erklären, dass Traumen vererbbar sind. Dass Ängste, Spannungen, Süchte, dem Kind bei der Geburt, mit in seinen Lebenskoffer gegeben werden. Das ist vermutlich nicht mal 1 % der Gesamtmenschbevölkerung bewusst. Klar, es ist schön so vor sich hin zu leben und Spaß zu haben und die Freiheit so grenzenlos zu genießen.

Aber Freiheit, besteht aus Grenzen, sonst würde es keine Freiheit geben. Logisch, oder?

Nach der Geburt eines Menschen fängt seine ganz individuelle Lebensreise an. Ich möchte gar nicht so differenziert darauf eingehen, aber erwähnen, dass es meine Eltern, beide nicht geschafft haben, sich so um mich zu kümmern, wie es notwendig gewesen wäre. Vielleicht kommt der eine oder andere schon von selbst darauf. Aus dem Verhalten meiner Eltern, den Umgang, den sie zu mir pflegten, habe ich auf kurzer oder langer Sicht gar keine andere Chance gehabt, nicht daran zu zerbrechen und mit 23 Jahren psychisch komplett verwirrt zu sein und einfach gar nichts zu spüren. Woher soll ich denn aus Konsequenzen, etwas lernen, wenn ich es nicht fühlen kann? Ganz klar! Mit meinem Verstand und logischen Intelligenzzellen mich selber nicht zu verlieren.
Mit mir selber vereint zu sein und den Weg zur Selbstliebe zu laufen. Das innere Kind lieben, wie es ist, und als erwachsener Mensch alle ausgebildeten Ressourcen dafür parat zu haben, um mich weiter entwickeln zu können.

Weiß jemand, warum es meinen Eltern beiden nicht gelungen ist, mir das zu geben, was grundlegend alles so überlebensnotwendig ist?
Ganz einfach. Weil keiner von den beiden jemals auf die grandiose Idee gekommen ist, sich erst mal um sich selber zu kümmern, um danach auch bereit zu sein, eine Familie zu gründen. Beide haben die Auseinandersetzung mit sich selber nie begonnen.

Was zu einem sehr tief verankerten Seelenschmerz bei mir geworden ist, war der Tod meiner Mutter. Das ist das Ausschlaggebende für mein eigenes Stigma. Das Stigma, nicht einfach

so, eine gewünschte Daseinsberechtigung zu haben. Daraus resultiert, ein Bauch voller Wut, der mir so wichtig ist, weil er die Antriebsquelle meiner schöpferischen Lebensenergie ist. Die Wut ist nachvollziehbar, oder? Weil ich innerlich leer geblieben bin und in meinem Selbstwertgefühl ein kleines Kind geblieben bin.
Das Ergebnis: Schuldgefühle, selber versagt zu haben und so extreme Selbstzweifel, dass mir Extrem-Spannungen eine komplexe PTBS beschert haben. Das erklärt wohl, warum ich als erwachsene Person zu Hause lebe. PTBS kann man in der Psychologie als Diagnose festlegen. Wer sich mehr für das Thema interessiert, der kann sich die Informationen selber aneignen. Dafür bin ich zu selbstverliebt und verblendet, um es anderen mit meinem Wissen, haargenau zu erklären, wie sich psychische Erkrankungen zusammensetzen.
Das ist alles. Das ist Leben.

Vermutlich werden nicht alle Menschen sofort meine verschlüsselten Worte verstehen. Was ich aber verraten kann, ist eins: Setze dich mit dir selber auseinander und der Schlüssel passt ins Schloss. Das bekannte Schlüssel-Schloss-Prinzip, aus der Biologie. Höre auf dein pochendes, schlagendes, lebendiges Herz.
Wer sich wirklich mit sich selber, als Menschen vereint und weiß, ich bin ein wertvolles Lebewesen, dem werde ich die Tipps geben und wohlwollend verraten. Weil ich weiß, wie es geht. Es wäre zu einfach, mein Geheimnis der gesamten Welt zu verraten und mal ehrlich, auch sehr naiv. Ein hoch logisch denkender Mensch, dürfte allein durch meine Wissensempathie schon verstanden haben, dass ich mich schon längst verraten habe.
Wisst ihr, was ich gerade bin: ehrlich und aufgeschlossen, neugierig, experimentierfreudig, humorvoll, mit einer guten Porti-

on an Selbstvertrauen.
Ich liebe es, so zu sein, wie ich bin. Und wisst ihr warum? Weil ich mich selber eine Zeit lang so sehr gehasst und abgelehnt habe, dass ich bereit bin, die Medaille mal endlich umzudrehen, um zu leben und nicht weiter im Leid meiner Geschichte zu sterben.

Ich bin ein Zauberkind: Teil 2; zu "Meine innere Landkarte" – als Wegweiser

Ich möchte jetzt mal erzählen, was alles meine Lieblingsfarben sind. Hm, mal überlegen, ich denke Blau und Grün und Rot und Gelb und Lila und Rosa und Pink und Bunt und Weiß und Schwarz und alle zusammen – Ah, meine allerliebste Lieblingsfarbe ist … hm, bunt! Oh, ich wollte das doch nicht sagen. Es ist mein Geheimnis gewesen. Jetzt ist es zu spät. Zu spät, um mich weiter hinter der Regression zu verstecken. Zu spät, um noch länger die Zeit zu vergeuden, mich nicht selber als Menschen so vollkommen wertzuschätzen, wie ich es verdient habe! Ich bekomme in einer zu hundertprozentigen, berechenbaren Gewissheit, alles was ich haben will. Das ist genial, oder? Ihr alle müsst ja nicht so begeistert davon sein, wie ich es bin. Haha.
Aber ich bin's trotzdem. Und ich will den roten Faden zum Schreiben nicht verlieren. Also weiter geht's. Wie abhängig bin ich? Wie reif bin ich? Wie hat man sein zu müssen? Wie will ich sein?
All das sind typische Auseinandersetzungsprozesse innerhalb einer mächtigen Identitätskrise vom Kind zum erwachsenen Menschen.
Wer sich diese Fragen noch nie gestellt hat, der hat echt etwas verpasst. Und ein echtes Problem. Das würde ich mir nicht entgehen lassen und diesen wichtigen Lebensschritt nicht überspringen.

Da ich jetzt eh schon was über mich verraten habe, will ich gleich noch etwas dazu verraten. Ich bin abhängig. Und das ziemlich doll. Abhängig von mir selber. Und niemandem sonst. Ich bin ein freier Mensch und lasse mir von nichts und niemandem mehr wehtun, es sein denn, es ist ein wichtiger Schritt für meine eigene Auseinandersetzung.

Was ich im Eigentlichen damit sagen will, ist, dass ich als Kind mit 11 Jahren noch abhängig von meinen Mitmenschen war. Abhängig davon, dass mir erwachsene Menschen Zusammenhänge hätten verständlich erklären sollen. Dass mich andere erwachsene Menschen hätten auffangen können und es aus Egoismus nicht taten.
Dass ich direkt nach dem Tod meiner Mutter in meiner Trauer verstanden worden wäre! Nur so ist es nicht gewesen. Die Realität ist knallhart zu dir. Da sei Dir mal so was von bewusst bei. Zu den relevanten Faktoren zählen, der pure Stress in einem Zeitalter wie diesem, noch mitzukommen und das immer fortwährende Streben nach Macht, Reichtum, Geld und gutem Glanz im Schein des Ansehens. Alles schwarz. So schwarz wie das verlorene Stück meiner alten Seele. Auch schwarzer Humor genannt. Ah, deswegen wurde der irgendwann mal erfunden.

So habe ich mich die Jahre über in einem goldenen Käfig gefangen gefühlt und mir selber nie die Chance gegeben, fliegen zu lernen. Stattdessen setzte sich mein Verhalten aus dem sowieso schon vorhandenen Grundgefühl zusammen, nicht gewollt und abgelehnt zu sein und 2., aus der nicht sicheren Umgebung meines neuen Umfeldes, der Pflegefamilie. Rechne Minus und Minus und später bekommst du Plus als Ergebnis heraus.
Ich konnte meine Gefühle nicht ausleben. Es war sehr gefährlich, weil ich wie gesagt, noch ein Kind und abhängig von meinen Pflegeeltern war. So habe ich meine Gefühlswelt, in mir selber so kontrolliert weggesperrt, dass ich es beinahe nicht überlebt hätte. Wie durch Zauberhand waren aber immer zur richtigen Zeit am richtigen Ort die richtigen Menschen für

mich da. Alle waren da, nur ich selber war so weit weg, verschwunden, weswegen, es meist gar nicht auffiel, ob es mich überhaupt noch gibt. Ein sehr stilles, in sich gekehrtes Wesen. Meine Gefühle haben allesamt ihre Koffer gepackt und sind davongelaufen. Einmal allesamt verteilt, quer durch die gesamte Welt über den Globus. Erst jetzt finden meine Gefühle ihren Weg selber zu mir zurück. Das Einzige, was ich dafür brauche, ist sehr viel Geduld und Zuversicht. Und mein Handeln sollte ehrlich sein. Somit beweise ich mir meine eigene Sicherheit in mir selber und: Meine Gefühle kommen von ganz alleine zurück. Und das ist ein Schritt zur Genesung. Es ist so was von gesund, was gerade in meinem Körper an chemischen Prozessen stattfindet. Das ist sehr spektakulär von allen Seiten in kunterbunten Farben mit anzusehen.

Zum sicheren Selbstschutz habe ich mich in einen Leuchtturm eingesperrt. Mein inneres Zuhause, funktionstauglich durch versendbare Signale, durch Licht und Lachen. Aber einer so ausfüllenden Leere, dass ich dadurch mit der Zeit das Vergessen gelernt habe.
Das Vergessen, dass ich ein Mensch bin, der lebt und atmet und lacht und weint und pupst und kotzt und sich vermehrt und vieles mehr.
Das Vergessen meiner eigenen Gefühle. Das Vergessen, dass ich da bin. Dass nur ich selber die Verantwortung für mich tragen kann, keiner sonst. Deswegen bin ich auch nicht mehr abhängig von anderen Menschen. In denen habe ich nichts zu suchen. Das überschreitet zu viele Grenzen. Nein ist nein und heißt in Wort und Handeln und Verantwortung und Konsequenz, nein. Also nein ist nein und ich kann so viel auf der gesamten Welt nein sagen, wie ich will. Weil es nichts im Geringsten damit zu tun hat, danach nicht mehr gemocht zu werden. Das wäre ja Unsinn. Das wollen wir ja nicht! Nein, nein.

Und das absolut Klügste an dem Verhaltensmechanismus war, dass ich mich durch meinen inneren Selbstschutz nicht abhängig von meinen Pflegeeltern gemacht habe, sondern mir meine Stärke durch das pure Bockigsein wieder geholt habe.

Es war so klug, dass es mich danach dazu gebracht hat, mich prostituieren zu lassen. Da war ich dann schon 21 Jahre alt. Erwachsen genug, um zu wissen, dass ich erwachsen bin, was mein Gehirn allerdings nicht begriffen hat, weil ich in einem Alterszustand von 11 Jahren hängengeblieben bin.
Dort kam mir das Trauma zum ersten Mal wieder hoch. Ich war alleine. In meiner ersten eigenen Wohnung und war so klug, und sicher, das ist genau das, womit ich das bekomme, was mir so unendlich fehlte. Nämlich Liebe. Liebe zu mir selbst, mir selber mal zuzuhören und auf meinen Körper zu achten. Aber nein. Ein Kind macht keine halben Sachen. Da zählt nur entweder oder. Oder sonst werfe ich mich schreiend auf den Boden, bis ich meinen Willen durchgesetzt bekomme.
Es war eine absolut nachvollziehbare Traumafolgestörung, dass es quasi schon darauf hinauslaufen würde, dass ich eines Tages mal, eine Hure geworden war.

Zum Glück bin ich nach der Vergewaltigung mal aufgewacht. Weiß jemand, warum Menschen sich erschrecken? Nicht sagen, denn ich weiß es. Weil sich Menschen so sehr an ihre vertraute Umgebung gewöhnen, und diese als sehr sicher empfinden und was alles als kleiner oder riesiger Fremdkörper zu einem in Schallwellen durchdringt, wird erst mal aus reflexartigen Schutzmechanismen abgewehrt. Das wiederum löst die Ängste in dem Moment aus, was zur Folge das Erschrecken hat.

Das erklärt mein endgültiges Aufwachen nach der Vergewaltigung. Es war so unendlich schlimm. Es war schlimm, schlimm, schlimm. Zu schlimm. Zu schlimm, um es jemals wieder erleben zu wollen. Ich hatte solche Todesängste. Ich stand so unter Schock. Ich habe ihn angeschrien. Es half alles nichts, weil die Quelle noch im Verborgenen lag. Alles beruhend auf der Grundannahme: "Mit mir machen alle was sie wollen; anscheinend kann man mit mir ja alles machen, was Mann will!"

Boah, genau das wurde reaktiviert und es ist mir widerfahren. Noch jetzt bekomme ich Panik und Todesängste, wenn ich daran zurückdenke. Aber es ist vorbei. Es war das Schuldgefühl, das dachte, es müsste für den Rest seines Lebens leiden, weil meine Mama eines Tages mal gestorben ist. Logisch.

Nach dem Tod meiner Mutter habe ich einmal einen Tausch all meiner positiven Fähigkeiten gegen all das Negative vorgenommen und mir wurde so viel an Lebensenergie geraubt. Nach der Vergewaltigung war es genau dasselbe. Er bekam meinen Körper. Bereitwillig zur Verfügung gestellt, ich bekam sein Psychopathenwissen in Form einer Borderline-Störung und er hat mir alles geraubt, was noch da war. Es hätte nur noch ein Funken gefehlt und ich säße heute mit Drogen intus auf der Straße in der Kälte. Aber ich tue es NICHT! Ganz einfach, weil es der Vergangenheit angehört! Und ich lebe in der Gegenwart und bereite mich auf meine supergeniale Zukunft vor. Das Ding ist, mit 21 Jahren, war ich kein Kind mehr. Kinder suchen die Ursachen, sehr gerne bei sich selber. Aber ich war 21 Jahre alt und kann es ihm damit jetzt zuschreiben, das, was er getan hat, muss mit angemessenen Konsequenzen bestraft werden. Also diese Wut auf ihn, die ist zwar jetzt meine Energie, aber ich nutze sie für mein Leben. Es ist somit sehr fair und gerecht aufgeteilt. Oder? Er hätte aufhören müssen, als ich ihn mit den Worten: "Fass mich nicht mehr an!", ange-

schrien habe. Danach hat er sich strafbar gemacht. Nicht ich. Es war also nicht meine Schuld. Selber Schuld für ihn, dass ich ihm das Messer geklaut habe und der Polizei übermittelt habe. Denn er ist damals zurückgekommen, weil er sein geklautes Messer gesucht hat.
Es gehört der Vergangenheit an und ich werde mich damit auseinandersetzen können, je mehr Stärke ich in mir aufbauen werde, um dann bereit zu sein, den Schmerz aus der damaligen Situation verantwortungsbewusst tragen zu können. Es braucht erst mal noch sehr viel Stabilisierungseinheiten und Maßnahmen zur täglichen Wiederbelebung meines lebenden Herzens, aber es wird alles wieder gut.
Und jetzt kann ich es ja verraten. Julia ist mein sehr nützlicher Tarnungsname und Samantha mein wirklicher Name, mit der Stärke und Willenskraft eines 4-jährigen Kindes. Weil dort in meiner Kindheit wohl irgendetwas extrem schiefgelaufen und explodiert ist, sodass ich mein eigenes Leben niemals hätte überleben können, wenn Samantha als starkes Ich nicht immer wieder für mich eingestanden wäre. Julia und Samantha, für immer vereint. Wir gehören zusammen und müssen diesen ewigen Kampf und Krieg nicht länger weiter aussetzen, uns gegenseitig zu bekämpfen, sondern uns einander die Hände reichen, mit der Gewissheit: "Wir sind stark." "Wir schaffen das." "Wir sind so klug, das soll uns erst einmal jemand nachmachen." Alles in Liebe und Ruhe und der zeitlosen Zeit, das Hier und Jetzt zu leben. Deswegen bin ich wohl ein Zauberkind, weil ich ja zaubern kann, und tricksen kann. Und Tricks mir helfen, und so vielen anderen Zauberkindern auf der Welt, wenn sie den Weg zu dieser enorm sprudelnden Lebenshoffnungsquelle finden. Einfach so, kann ich meine Schriftwerke wohl nicht jedem zum Lesen zur Verfügung stellen. Dazu ist keine Zeit. Es gibt eine Mission bis dahin zu erfüllen. Weiter schreiben, Leben retten, Erste Hilfe leisten. Und ich kann mei-

nen Gefühlen eine supergeniale Freiheit gewähren, um mein eigener kleiner Journalist von Informationsgebrauch zu sein. Ich will später so viele Berufe werden, weil ich so unendlich viele Talente habe. Da verschmelze ich doch glatt in eins. Aber vergiss nie, es gibt immer zwei! Zwei. Eins, zwei, eins, zwei … Eins, zwei, ich bin da und du? Du auch!

Pass gut auf diesen Schatz auf! Und sei wachsam, klar und bedacht und lebensfroh!

Schuldgefühle und meine Schnittwunden an den Armen

Ich war bereits 13 Jahre alt und saß alleine in meinem Zimmer. Mittlerweile musste ich mir auch keines mehr mit meinem kleinen Bruder teilen, sondern hatte einen Bereich mit verschließbarer Tür, ganz für mich alleine. Ja alleine. Allein, allein. Immer nur so allein. Wo sind denn alle anderen bloß? Jedenfalls nachdem ich die Zimmertür hinter mir zuzog, war die Welt, die nur eine Etage unter mir war, vollkommen verschwunden. Ein sogenanntes Bindungstrauma, wie ich es so gern bezeichne.
Damit habe ich sogar heute manchmal noch zu kämpfen. Aber ich bin ja wohl nicht ausschließlich der einzige Mensch auf der Welt. Das habe ich mittlerweile schon begriffen. Vom Kopf her. Das Gefühl kommt hinterher.

Ich versank gerne in meiner Welt und beschäftigte mich eines Tages damit, ein Buch über Geschichten zu lesen, die mit Schicksalen verbunden waren. Darin fühlte ich mich sehr verstanden und tauchte ab, in die Materie.
In eine Geschichte wurde ich hineingezogen. Da schrieb doch tatsächlich jemand, sich selber zu verletzen, bringt Erleichterung. Hellwach und voller Hoffnung las ich den Rest zu Ende, um es danach direkt selbst auszuprobieren. Ja klar, also das geht ja wirklich. Die ersten paar Kratzer, waren sehr süß, die sich aber über die Jahre zu immer tiefer werdenden Schnitten verdrehten und mich in eine potenzielle Endorphinsucht stürzten. Egal was war. Ritzen, die Lösung für einfach alles.

Was der Ursprung des Ganzen war, das habe ich noch gar nicht offenkundig berichtet. Mit 12 Jahren saß ich still da und dachte nach. In meinem Zimmer. Wo sonst. Ich stellte mir einen

Leuchtturm vor und das Meer. Und Sand und Strand. Wir waren auch schon im Urlaub gewesen, woher ich wahrscheinlich automatisch im Urlaubsmodus bleiben wollte. Ist ja auch sehr angenehm. Ich liebe Urlaub und Sonne und Meer und Strand über alles.
Na ja, genug vom Thema abgelenkt. Mir ging es an dem Tag aber nicht besonders gut. Ich war komischerweise so traurig. Warum auch immer? Na ja, mir kamen alle möglichen Bilder und Erinnerungen hoch und die eigentliche Arbeit in meinem Kopf fing an. Na klar, ich baue mir einen Schutzraum, wo mir nie wieder jemand zu nahe treten kann. Ich konnte nicht mehr ehrlich zu meinen Gefühlen stehen, weil da zu viel Mist mit angestellt wurde. Hätte mir auch vorher nur mal irgendwer seine Zuwendung geschenkt, dann hätte ich das bestimmt nicht so machen müssen. Tja, aber so war es halt nicht.

Im Leuchtturm, da baute ich Türen rein und einige von denen, die nagelte ich zu. Eine Tür überklebte ich mit tonnenweise Panzertape. Die Tür zu den früheren sexuellen Übergriffen als Kind hämmerte ich mit einer dicken Holzschicht zu, und, und, und. Aber eine ließ ich auf. Meine Lieblingstür. Die Tür zu der schönen, unbeschwerten Seite meiner Kindheit. Samantha, so wollte ich doch mit vier Jahren heißen und spazierte wütend zu meiner Mama, sie solle es in mein Kindergartentagebuch eintragen, dass ich ab sofort nicht mehr Julia heißen will.
Also nicht ohne Grund existiert in mir ein zweiter Name. Beruhend auf den grauenvollsten Grenzüberschreitungen, wo mir echt mulmig zumute wird.
Vielleicht bin ich in meiner Zukunft später einmal bereit, darüber schreiben und reden zu können, was war, aber jetzt ist es noch zu früh.

Denn das Schlimmste, das ich jemals in meinem Leben getan

habe und bis heute so ein Schuldgefühl habe, ist eines. Ich spielte mit einer Freundin draußen. Ich war ungefähr 10 Jahre alt. Und sie schon 11 oder so. Wir fuhren mit dem Fahrrad durch ganz Sulingen und waren an unserem Lieblingsort. Dem Stadtpark. Es müsste im Sommer gewesen sein oder vielleicht doch im Winter. Das weiß ich nicht mehr so genau, aber es ist auch weniger relevant als mein absolutes Fehlverhalten.
Wir sahen zwei Kinder auf dem Berg spielen. Wir taten so, als wenn wir unser Ding machten und meine Freundin kam auf mich zu und sagte mir, sie könne den Jungen nicht so leiden. Vielleicht hat er sie etwas genervt, weil Kinder laut sein können.
Sie fing an, ihn zu schubsen. Ich sah das und dachte im Ernst, es sei wohl richtig, den Kindern wehzutun. Nichts anderes hatte ich ja auch schon schmerzhaft lernen müssen. Ein kleines Mädchen spielte dort auch und ich mischte mich ein und schubste sie grundlos weg. Ich tat ihr so weh. Einfach, weil ich nicht nein gesagt habe und das sehr interessant fand, was meine Freundin mir vormachte. Ich hätte an sich gehen müssen, nur, woher sollte ich es denn besser wissen, wenn es mir selber nie jemand zeigte. Das bittere Ende der Geschichte. Das Mädchen schrie und weinte so heftig, bis die beiden Mütter der Kinder herauskamen und uns zur Rede stellten. Beschämend blickte ich zu Boden, während meine Freundin die Flucht ergreifen wollte. Sie fragten uns, was wir getan haben. Die Mutter des Mädchens hielt sie im Arm und ich hätte am liebsten für immer geweint. Aber traurige Kinder hören irgendwann wohl auf zu weinen und überlegen sich bessere Strategien zum Überleben.

Das Kind hatte solche Schmerzen. Ich weiß bis heute nicht, welchen Schaden sie durch mich genommen haben könnte. Nach dem Tag ließ mich das kaum noch einen Moment in Ruhe. Der Junge, er kam noch ein wenig mehr mit der brutalen

Tatsache meiner Freundin zurecht. Jedenfalls machte er von außen so den Anschein. Die Mutter nahm auch ihn tröstend in den Arm und warf meiner Freundin und mir ganz böse Blicke zu.

Sie lenkte irgendwann mit einer Idee ab. Sie hielt ihre linke Hand etwas in die Luft, so als schaue sie auf ihre imaginäre Uhr, denn sie trug gar keine. Sie log und wir fuhren schnell mit dem Rad davon. Zu Hause redeten wir noch kurz, aber spielten einfach weiter. Vielleicht wollte meine Freundin wissen, zu was allem ich in der Lage bin und wie weit ich tatsächlich gehen kann. Das bereitete mir Angst.

So kam das eine zum anderen und mit 12 Jahren dachte ich an die damalige Situation zurück. Ich beschloss mit ganzem Herzen: Niemand soll mehr durch mich leiden müssen. Lieber nehme ich mich selber und sterbe durch meine Boshaftigkeit und richte mich selber zugrunde, als dass jemals jemand wieder durch mich leiden muss.
Das kann ich nicht zulassen. Meine Wut auf mich selber ließ ich mich auch zu jeder Tages- und Nachtzeit deutlich spüren. Lachte ich nicht, sondern war ich den Tränen nahe, schnitt ich mir die Arme auf. Kleine Schnitte. Bis meine Pflegemutter eines Tages kurz vor Weihnachten meinen linken Unterarm sah.

Boah, überkam mich diese Scham. Ich wäre am liebsten davongelaufen. Aber sie bot mir Bepanthen-Creme an und schaute mich mit ernsten Blicken an und verbot mir, meine Arme frei zu zeigen. Lange Pullover, damit auch ja keiner von unserem kleinen Geheimnis erfahren würde. Darin bestärkte sie mich damals nur noch in meiner Scham, wo ich irgendwann selber der Überzeugung war, es sei richtig, mich dafür schämen zu müssen. Einerseits hat sie es mir schon gut beibringen können, aber andererseits. Nein. Ich akzeptierte die Tatsache der Selbstverletzung sehr schnell als etwas von mir. Ohne diese Seite wäre ich heute wohl nicht der Mensch und die Person, die ich heute bin. Eine lebhafte Person mit Charakterstärke, die noch leben will. Klar, Narben sind nicht schönzureden, aber auch nicht die Ursache von Missbrauch, Verwahrlosung, Todesdelikten und hinreichendem Abgegeben- und Verschobenwerden in Dauerpflegeeinrichtungen und Krankenhäuser. Ich war ja schon recht früh einer der harten Pflegefälle geworden.

Ach was soll's, halb so wild und es ist nicht meine Schuld. Die Schuldgefühle sind an der Stelle völlig falsch angebracht gewesen. Die Eltern der beiden Kinder hätten uns auch helfen können. Aber warum taten sie es nicht? Weil wir zu unfähig zum Sprechen waren? Soll das ein Grund sein. Warum riefen sie denn nicht die Polizei an oder verständigten das Jugendamt? Warum nicht? Dann wäre ich mit Sicherheit nur ein halb so abgrundtief versunkenes Wrack geworden. Wo ist denn mal jemand, wenn man ihn braucht? Keiner ist da. Der reinste Abfuck der Gesellschaft. Von Liebe, Herz und Mitgefühl hab ich in dieser Welt kaum so wenig gesehen, wie im 21. Jahrhundert. Scheiße oder. Wird vielleicht mal Zeit zum Aufwachen und einander die Hände reichen.

Laut Strafgesetzbuch war ich mit 10 Jahren noch nicht vollständig schuldzuweisungsfähig. Da haben selbst diese Eltern versagt. Na, jedenfalls haben wir gleich mal alle zusammen versagt. Auch nicht schlecht, oder?
Ab 18 Jahren oder schon etwas früher kann man ins Gefängnis kommen. Das war eigentlich immer eins meiner längerfristigen Ziele, die ich aber bisher noch nicht weiter verfolgt habe.

Die Nacht, in der ich fast umgebracht worden wäre

Ich bin doch immer und immer wieder darüber erstaunt, wie gut die menschlichen Verdrängungs- und Vermeidungsmechanismen funktionieren, ohne jetzt um einen lauten Applaus des Beifalls zu bitten.
Wer von euch hatte in seinem Leben schon mal so viel Angst, dass nichts mehr so funktioniert, wie es der Realität an sich entspricht. Angst vor Spinnen. Wie viele Personen in meinem jetzigen Umfeld habe ich bereits in ihrer riesigen Angst vor Spinnen kennengelernt. Also ich will nichts bewerten, deswegen halte ich meine Meinung darüber gerade stetig zurück.
Auch wenn ich mir ein leichtes Grinsen in der Hinsicht gerade kaum verkneifen kann.

Aber, nun ja. So ist das halt mit den Ängsten. Ich kenne mich mittlerweile so gut, dass ich in keinerlei Hinsicht jemals wieder die Kontrolle über mein Bewusstsein verlieren würde. Nie wieder so einen schrecklichen Kontrollverlust.
Ängste schützen einen und ich bin so froh, sie in mir zu spüren. Und ich tauche gerne ab. Gerne und viel, in meine ganz eigene Welt, die außer mir wohl nie jemand anderes so genau ergründen wird, wie notwendig.
Was soll ich dazu sagen? Bei einem absoluten Notzustand, alleine verlassen zu werden und im Regen stehen gelassen zu werden, wer denkt dann noch an einen? Keiner? Nein das kann nicht sein. Irgendwer? Hilfe. Ich bin doch so allein! Was soll ich jetzt tun, wenn alle bisher unternommenen Suizide erfolgreich scheiterten und ich wohl zu meinem Glück gezwungen werden muss, um zu leben. Um wirklich bewusst zu leben. Ich heiße aber mit Sicherheit Anonymia.
Ich bin da, aber so unsichtbar sichtbar. Und ich kenne einen Menschen, dem ich ein wenig Vertrauen geschenkt habe. Ich

dachte, er wäre ein Mensch, mit dem ich mich gut unterhalten kann und eine Art Vaterersatz heimlich bei ihm suchte.
Wie mich mein Weg zu den Männern führte und wieder zurück, werde ich wohl in einem extra Roman schreiben müssen, weil sonst die Richtlinien eindeutig gesprengt werden würden.
Wer sich als erwachsene Person schon einmal etwas vertraut gemacht hat mit der Intimität einer sexuellen Begierde und einem verankerten Fortpflanzungstrieb, der wird erstaunt sein, was sich alles in der sexuellen Haltung widerspiegelt.

Der übliche Blümchensex aus Kindertagen, wo Nähe gleichgesetzt werden kann mit: Väter missbrauchen ihre Kinder. Da zeigt sich wohl der wahre Kern der Persönlichkeit. Meiner ganz eigenen Ansicht nach. Ich kann es nicht einmal nachweisen, ob es der Wahrheit entspricht, aber für mich selbst ergibt es einen wirklich logischen Sinn und ich verstehe etwas von schädlichen und gesunden Verbindungen. Wobei ich an dem Gesunden wohl noch ein wenig Training brauche, um meine Ängste mal wirklich in den Griff zu bekommen. Und es auf Dauer jeden Tag schaffe, durchzuhalten, zu vertrauen. Meinen Freunden und vor allem mir selbst.

Worauf ich eigentlich hinausschreiben wollte, war der Ursprung eines Verbrechens. Wohl bedacht und mit einem Kribbeln im Bauch. Ich wurde abgeholt und es war ein schlichtweg alltäglicher Tag, ohne großartige Hindernisse. Bis dato. Erst wollte ich mich meiner über Jahre hinweg chronischen Resignation hingeben und das Treffen abblasen. Im zweideutigen Sinne werde ich vulgär. Wäre vermutlich sogar ein Beachten meines Grundgefühls gewesen, wenn ich nur einen Augenblick mal hingehört hätte, was dort in mir schreit und mich vor einem weiteren Seelenschaden bewahren wollte.
Aber vor aufgesetzter euphorisierter Stimmlage dachte ich

nicht weiter nach und ließ mich auf dieses eine Treffen ein. Es hat mich vieles gelehrt und es war wohl schlimmer, als lebend nach einer brutalen Vergewaltigung noch aufrecht stehen zu können. Also umbringen kann ich mich echt schon alleine, dazu brauche ich nicht noch aufgegeilte Männer, die eine sexuelle Erregung bei Leuten mit Ängsten spüren und über keinerlei Kontrolle verfügen, sich in solchen Lagen einmal zu beherrschen.

Stattdessen nahm es seinen Lauf und er pustete seine mächtigen Worte in meine Ohren: "Ich komme, wenn du bewusstlos bist!" Und er zog mir die Plastiktüte über den Kopf, ließ mich beinahe ersticken und würgte meinen Hals so doll zusammen, dass ich dem Tod wirklich sehr nahe stand. Rein aus meinem Überlebensinstinkt wäre es meine eigene kluge Strategie, in solchen Momenten in eine andere Welt abzutauchen und zu vergessen, dass das, was gerade passiert, wirklich sehr real ist. Da bestand keinerlei Zweifel daran. Das wiederum mochte er keineswegs. Er setzte mich unter Druck. So sehr, dass ich mich hätte entscheiden können. Einen Moment lang, wo ich sein Spiel mitspielte. Aber aus Spaß ernst wurde. Ich entschied mich, in Panik und Angst zu geraten, wodurch er zum Höhepunkt sexueller Erregung kam und auf meinem Körper sein Sperma hinterließ. Nach dem Showdown war ihm wohl keineswegs bewusst, wie weit er gegangen war. Ich denke, wenn er die Zusammenhänge verstehen würde, würde er hoffentlich in Scham seines Fehlers versinken und gerade dazu stehen können. Jeder Mensch begeht Fehler, wie ich selber an jenem Tag selber. Stattdessen log ich mich selber an und spürte diese ungeheure Wut auf ihn. Er hätte mich fast umgebracht. Ich schwieg und brach von jetzt auf gleich den Kontakt zu ihm ab, weil er mir einen echten Schock verpasst hatte.

Ich schnitt mir nach dem Treffen meine Arme und Beine auf,

sah das tropfende Blut und fand eine enorme Erleichterung in meinem Tun. Darüber reden? Mit wem? Ach ne? Warum? Kein Interesse! Ich schneide mich lieber in kleine Stücke und stelle wohl mit allen zusammen einen sehr abgefahrenen Modetrend auf, die sich alle schon einmal mit Absicht selber verletzt haben. Die Ängste ließen nach. Ich spürte den angenehmen Schmerz, wie eine Art Droge. So ist das Ritzen für mich. Mein jahrelanger Klingenkonsum, der mich fühlen und leben lässt.
Die wirklichen Probleme in meinem Leben, waren zu der Zeit aber noch gar nicht da. Wen wundert es? Mein Leben wurde erst vor Kurzem so kompliziert, dass ich ein wirkliches Labyrinth in meinem Kopf habe und ich jedes Mal einen heftigen Gefühlsausbruch bekomme, wenn ich mich gegen das Ritzen entscheide. Das wirbelt so einige Stürme im Inneren eines Menschen auf und ich gebe echt mein Bestes, mich über jeden noch so kleinen Erfolg bewusst zu freuen, wenn ich keinen Schaden angerichtet habe.

Das Fühlen. Fühlen. F-Ü-H-L-E-N! S-P-Ü-R-E-N! W-A-H-R-N-E-H-M-E-N! Das H im Hauch eines Atemzuges, der Luft durch Lungenflügel recycelt. Eine tolle Biologiestunde, mein Wissen so konstruieren zu können, wie ich es mag.

Ich hörte wohl schon sehr früh damit auf, meine Gefühle spüren zu können. Vermutlich schon bevor ich in die 2. Pflegefamilie kam, um danach gar nichts mehr zu spüren, außer die Betäubung einer heftigen inneren Leere. Ich ergriff schon vorzeitig medizinische Maßnahmen, um einen Weg zum Leben zu finden. Dafür war ich wohl erfinderisch genug, um mir mit sterilen Verbänden meine Handgelenke und Fußgelenke abzuschnüren. Oft band ich die Verbände so fest zu, dass schon nach kurzer Zeit die Blutversorgung extrem abgeschnürt wurde

und ich blaue Finger und Hände und Füße und Zehen als Wunderheilmittel empfand. Da war ich 11 Jahre alt. Strangulation. Eine durchaus sehr versteckte Form einer Art Selbstverletzung, die man als erwachsene Person im SM-Bereich der Sexualität wieder finden kann und auch in vielen Puffs. Wovon ich so gar nichts halte. Mit 11 Jahren allerdings wohl sehr viel, aber nur für mich alleine im stillen Kämmerchen. Ab und an machte es Schultage erträglicher, blöde beschämende Bemerkungen über mich und meinen Körper zu hören. War es wirklich meine Schuld? Ich hoffe nicht, denn sonst würde ich mich bestimmt in einem See voller Blut liegend finden und hoffen, endlich sterben zu dürfen. Nein, dazu hab ich nun echt keine Lust. Mit 11 Jahren ist man laut Grundschutzgesetzbuch wohl noch minderjährig genug, um auf die Führung eines oder beider Elternteile angewiesen sein zu dürfen. Da dies wohl kaum der Fall war, weil ich das Oberhaupt der Familie übernahm, wenn Mama und ich zu zweit alleine waren. Sie mit ihrem blöden Krebsgeschwür und ich mit meiner Unterwürfigkeit, dabei einen Appell des Rekordschweigens stemmend. So ergänzten wir uns prima. Über die psychischen Belange dachten wir wohl beide kaum nach, sondern verdrängten sie wunderbar und lachten über sie. Mal mehr, mal weniger. Geht alles! Und vor allem bestärkt es einen, mit so vielen Tricks überall durchzukommen, nur weil es eine unfähige gesellschaftliche Reglementierung dafür gibt, sich nicht an Grenzen halten zu wollen. Jeder Mensch will einen festen Halt haben. Wenn nicht, dann stimmt wohl schon als Baby etwas nicht.
Auf Nähe, Zuwendung, Geborgenheit und eine wohlwollende Grundversorgung ist jeder als Baby und Kleinkind angewiesen. Laufen die Parabeln der Mathematik dort schon kreuz und quer und fallen aus physikalischen Richtlinien heraus, weil die Sicherheitsgurte beim Achterbahnfahren nicht angelegt worden sind und explodieren chemische Substanzen, dann ist aber et-

was los. Ein übliches Familienleben. Bei manchen bunter als bei anderen.

So kann ich mich an die Verwahrlosung entsinnen, die ich früh als meinen besten Freund oder Freundin akzeptierte. Wir wohnten ländlich gelegen. In einem Haus. Mit Hof, Garten, Tieren, Baustellen und fernab ein paar Nachbarn. Und einem Wald und Natur überall um mich herum. Damals wohnten wir zu meiner Geburt erst zu viert und mit mir natürlich zu fünft in dem Haus und nach zwei Jahren zog mein kleiner Bruder bei uns ein. Ich liebe meine Geschwister und tue es vermutlich sogar heute noch, ohne dass ich es weiß oder gerne offensiv zugeben würde. Im Alter von 4 Jahren verbrachte ich noch gerne Zeit, Windeln zu tragen, meine Babysprache anzusetzen und mit ungekämmten Haaren durch die Welt zu stolzieren. Mir machte es gar nicht mal so viel aus. Hm. Heute sehe ich das etwas anders. Weil familiäre Gewaltverbrechen schon dort anfangen, wo kaum hinterhergeschaut wird. Auffällig war in dem Alter mein enormes Übergewicht und die körperliche Vernachlässigung. Ganz zu schweigen von den daraus später resultierenden emotionalen Behinderungen im Leben eines 23-jährigen Erwachsenen. Einer jungen zielstrebigen Frau mit einem unberechenbaren Willen eines Kindes. Und der geborgten Schlauheit von Albert Einstein.

Wo das A in einer sichtbaren Verwahrlosung eines Kindes zu finden ist und das Z zum Ende, das weiß nur das betroffene Kind selber am besten. Ich kann mich an die Nächte erinnern, wo ich mich mit 4 Jahren oft nach Sicherheit und bedingungsloser Liebe gesehnt habe. Meine Eltern und vor allem meine Mutter hielten es wohl für eine bessere Idee, mich mit Kakaoflaschen ins Bett zu schicken und mich am nächsten Tag für die nassen Betten auszuschimpfen. Das war nicht gerade nett und dass ein Kind sich in solch einer Lage wohl missverstanden und ungeliebt und beschämt fühlt. Das hinterlässt Narben. So lebte ich in dem Chaos und scherte mich einen Dreck um die äußeren Zustände, an denen ich wohl schlecht etwas ändern konnte. Mit 4 Jahren fingen auch meine ersten Identitätsprobleme an. Ich kam einfach nicht so schnell in meiner Entwicklung hinterher, wie es im Kindergarten bei anderen Kindern der Fall war. Dort blieb ich schon auf der Strecke.

Missbraucht. Und mein zweiter Name ist Samantha.
Ich saß in einer unserer dunklen Abstellkammer, wo es kalt, dunkel, zugemüllt und dreckig war. Dort hielt ich mich gerne auf und an einem Tag, das war wohl ein Verbrechen, wo nur schwarze Schatten vor meinen Augen flimmern, nahm ich ein Messer. Ich zerstach als eine Samantha eine Sitzoberfläche eines Drehstuhls mit einem Messer und stach darauf ein. Voller Wut und bitterer Enttäuschung, wo ich bis heute nicht weiß, was damals an jenem Tag geschah. Männer und Häuser, Angst und Verzweiflung. Missbrauch?
Nein, das geht nicht, so etwas kann mir nie angetan worden sein. Oder doch? Um vermeintliche Familiengeheimnisse aus Versehen auszuplaudern, schreibe ich wohl besser nichts über die Geschichten meiner Geschwister auf, sondern bleibe lieber bei meiner eigenen. Ich weiß von nichts und will keine Privatsphäre zerstören.
Nein, das gehört sich nicht.
So vergingen die letzten Kindheitstage im Chaos und meiner inneren Verlassenheit. Ich war klein und lieb und schwieg. Mein Wille war weitergegeben. Samantha wurde zu meinem starken Ich und Julia blieb wohl immer sehr lieb. Eine Scham in dem Namen. JULIA. Missbrauch und Verwahrlosung und keiner der einen sieht.

Zum Glück gab es auch mal etwas Abwechslung im Familienleben. Im Alter von 5 Jahren finde ich einfach keine übrig gebliebenen Erinnerungen. Erst wieder zu dem Tag, wo sich meine Eltern trennten und mein Vater danach eine Frau mit drei meiner Stiefgeschwister heiratete. Sie starb später an den Folgen ihres dauerhaften Alkoholproblems und verließ ihre Kinder auch schon sehr früh.

Meine Tante nahm sich im Übrigen ihr Leben. Ich war 7 Jahre alt und verstand nichts. Ich beobachtete immer nur das Geschehene. War da und schwieg. Und keiner von den Erwachsenen kam wohl auf die Idee, mir einen angemessenen Schutzraum zu gewährleisten, um die Bilder jemals wieder aus meinem Kopf kriegen zu können.
Das war echt zu viel. Alles tot und tot und tot. Ich bin tot. Mama ist tot. Meine Tante ist tot. Der Tod ist das einzig Wahrhaftige im Leben.
Bis man sich eigenständig als erwachsene Person früher oder später mal auf den Weg macht, um sich gesundheitlich mal durchchecken zu lassen. Was ist denn nicht in Ordnung mit mir? Was habe ich denn? Bin ich schuld? Habe ich alle diese Erwachsenen umgebracht? Ich sollte lieb sein und mich anpassen. Das sind wohl meine vielen Strategien zum Überleben gewesen.
Wer schlau genug ist, der kann sich wohl selbst erklären, warum ich in einem betreuten Wohnen für psychisch kranke Menschen lebe.
Es ist gesund, sich mal zu fragen, woher diese Gedanken kommen, Menschen töten zu wollen. Es hat seine Ursachen. Kein Ding. Aber ich habe genug gelitten und auch schon mehr als genug Schaden angerichtet. Wenn ich jemals wieder rückfällig werden sollte, dann nur zu mir selber und mit einem Drang zur Autoaggressivität, als jemals mit dem tatsächlichen

Schuldgefühl leben zu können, ein Täter wie alle anderen geworden zu sein. Aus bisheriger Selbsterfahrung kann ich aber nur erwähnen, dass mein erster richtiger Suizidversuch im Alter von 19 Jahren nur knapp scheiterte und ich mich dann doch zum Weiterleben entschied.

Bewerbung

Adresse, Absender

Adresse Empfänger

Betreffzeile

....

....

....

....

....

Sehr geehrte Damen und Herren,

hiermit bewerbe ich mich bei Ihnen, um mein Können unter Beweis zu stellen und in der Hoffnung, nicht nur als funktionierendes Arbeitsobjekt betrachtet zu werden, sondern vollkommen als menschliches Wesen mit einer zu 100 % Fehlbarkeit.

Sollte ich bei Ihnen keine Aussichten auf Erfolg haben, würde ich Sie bitten, mir eine kurze Rückmeldung zu geben und bei netter Souveränität einen passenden Berufsvorschlag. Ich habe so viele Talente und kann mich einfach nicht entscheiden, was ich werden will. Ich seh den Wald vor lauter Bäumen nicht, aber ich nehm's mit einer großen Portion schwarzem Humor und lass den Kopf nicht hängen, wenn ich eine Absage aufgrund von zu viel ironischer Provokation zurückbekomme.

Über Vorstellungsgespräche lässt sich diskutieren. Und ich würde mich über eine Einladung von Ihnen sehr freuen. Das glauben Sie mir bestimmt, sofort!

In dem Sinne, mit freundlichen Grüßen,

Julia Samantha-Emely Zeiss

Anlagen:

- Lebenslauf
- Abschlusszeugnis

Respektierung gesellschaftlicher Norm – sachlicher Daseinsberechtigung

Vorname:	Julia Samantha-Emely
Nachname:	Zeiss
Nationalität:	deutsch
Geschlecht:	weiblich
Familienstand:	ledig
Religion:	kein Interesse
Bildung:	Durchblick in Politik

Kein Wille, mich der 4. Gewaltform auszusetzen (Gläserne Welt), kein Facebook, kein Instagram, kein Wille, bei Gruppenzwang mitzumachen, dann bleib ich lieber alleine in so einer Welt wie dieser.

Schulbildung

Grundschule:	Grundschule
Weiterführende Schule:	2007-2014
Abschluss:	2014 Realschulabschluss

Beruflicher Werdegang

Zum Scheitern verurteilt: Nicht zu wissen, wer ich bin, keine eigene Meinung zu haben und nicht zu wissen, was ich will und mich klein halten zu lassen.
Ziele und Zukunftsperspektive: Das Richtige für meinen Lebensweg gefunden zu haben, um zu wissen, es lohnt sich, genau das durchzuziehen, Wahrung meiner Autonomie und Geld verdienen.

Charaktereigenschaften und Lebenslauf

Aussehen:	abrasierte Haare, die natürlich wieder nachwachsen, Piercing in der Lippe und zernarbte Arme und Beine; kein Urteil bitte über körperliche Bestandteile, das ist unnötig und überflüssig, weil je nach Priorität und Geschmack so etwas wandelbar ist und ein funktionierendes Herz viel mehr an Wert hat.
Vorlieben:	Selbstexperimente, z. B. Alkohol zu trinken, um danach meinen eigenen Promillewert berechnen zu können (ich war damals 16), verkleiden und verschiedene Rollen einnehmen, schreiben, mir zu viele Gedanken zu machen, forschen und bis ins kleinste Detail gehen, wenn

es notwendig ist, Vorliebe für Mathematik, Physik, Biologie und Chemie und ich male sehr gerne.

Abneigungen:_mich ständig an Regeln zu halten, viel zu reden, meine Ungeduld, manchmal Schüchternheit und Traurigkeit

Das ist mir wichtig: Nein zu sagen, Grenzen zu respektieren und Orientierung, Motivation, Lob und Wertschätzung.

Da steh ich total hinter: Ehrlichkeit und Offenheit und dass ich ein Menschwie jeder andere bin und keinesfalls ohne Fehler und Makel auf die Welt kam.

Das kann ich so gar nicht ausstehen und lässt mich vor Wut toben: Mich in meinem Cham auszunutzen und Gewalt. Darunter leide ich gesellschaftlich: Stigmatisiert zu werden, weil ich anders bin und gerne in irgendwelche Schubladen gesteckt werde und mich dadurch oft hilflos fühle.

Lieblingssymbole, Lieblingsbeschäftigung: Sachen sortieren, Ordnung schaffen, Musik hören, mich unterhalten, Informationen sammeln und recyceln, anders sein, draußen sein und ins Fitnessstudio gehen und in Rätseln schreiben und reden, Wäsche waschen

Lieblingswort: Sexappeal

Lieblingsvokabeln: overcome, become

Lieblingsbuch: Ich treffe dich zwischen den Zeilen (Stephanie Buttland)

Lieblingszitate von: Oscar Wilde (ich kenn sie aber noch nicht alle auswendig – tut mir ja leid)

Lieblingsfilme: Natürlich blond, Hit & Run und so viele mehr …

Lieblingsklamotte: ein ehemaliges weitergegebenes Herbstkleid und eine rote Adidas-Stoffjacke von einer lieben Person

Lieblingsmusik: Alles was man in der heutigen Zeit so hören kann, ohne speziell festgelegt zu sein.
Lieblingsspiele: Double und Phase 10

Das will ich haben: Unabhängigkeit und Erfolg in der Berufswelt

Das habe ich: Freunde und mein Leben und Spaß, Dinge anders zu machen, als es normalerweise von einem erwartet wird; meine ganz eigene Meinung, die ich oft ungelegen impulsiv verkünde.
Das bin ich: eine Feministin, ideenreich, erfinderisch, klug

Lieblingssüßigkeit: zurzeit Cashew-Erdnuss-Mix (Honig-Salz)

Lieblingsfarbe: bunt

Das ist gesund: im Sommer am See zu liegen und sich zu sonnen und den ganzen Tag von Eis und Wassermelone zu leben und im Winter bei Minusgraden eine dicke warme Jacke anzuziehen.

Zu empfehlen: YouTube, Videos

Fazit: – Darin bin ich unschlagbar und daran arbeite ich noch weiterhin

Ich bin unschlagbar darin, hartnäckig für Dinge zu sein, die mich wirklich interessieren, des Weiteren zu mir selber zu stehen, mal zu verlieren und mich dann doch wieder zu finden, schnell logisch denken zu können und zu meinem Vorteil Schlüsse daraus zu ziehen.
Aus einem existenziell bedingten Grund ist es mir wichtig, weiterhin an meiner Ehrlichkeit und Offenheit zu arbeiten. Da ich so ein verschlüsseltes Superhirn bin, verdränge ich dabei sehr gerne meine Bedürfnisse und vergesse oft die Tatsache, dass ich ein Mensch bin und auch wirklich am Leben bin. Ansonsten bemühe ich mich, eine so angenehme Zeitgenossin wie möglich zu sein, für den Rest der Gesellschaft. Oder zumindest erst einmal für das nähere Umfeld.
Und mittlerweile finde ich echt, dass ich den weltbesten Preis im jahrelangen Bockigsein-Rekord verdient habe. Nun, abgesehen von der Tatsache, dass ich schon 23 Jahre jung bin und es so langsam echt mal an der Zeit wäre, mein Leben in den Griff zu bekommen und nicht aus Angst immer alles von mir fernzuhalten, mich vielleicht einfach mal in die Welt fallen zu lassen und es so wertfrei wie möglich anzunehmen, wie sich das Leben in so vielen Augenblicken einfach so gestaltet. Wen es interessiert, jahrelanges Unterdrücken von Gefühlen, explodiert früher oder später zu garantiert den besten Momenten im Leben in so weitreichend vielen komplexen Vorgängen, dass sogar ein Kontrollfreak irgendwann in schräge Fetische verwickelt ist. Weil der Überdruck dem Unterdruck nicht mehr standhalten kann, was wiederum in viele Extreme ausartet. Deswegen ist ein routinierter Alltag eine super Hilfestellung, um so einem verlorenen Lebenslauf etwas Wert und Zeit zur Beachtung zu schenken.

Ich lebe und bin aufgrund meiner Existenz ein wertvolles Unikat! So wie alle anderen Menschen auch! Die Würde des Menschen ist unantastbar. Sie zu achten und zu schützen, ist Verpflichtung aller staatlichen Gewalt. Grundgesetz 1 Art 1.

Liebesentzug Anonymia, liest du mich, dann bleib ich nicht länger unsichtbar

So und nicht anders wollte ich gerne den Titel dieses Buches benennen, aber mal sehen, ob es am Ende dann wirklich noch dieser Titel sein wird. Ich bin krank. Oder nicht? Würde ich nicht immer in so viele kategorisierte Schubladen einsortiert werden, dann könnte ich ja glatt behaupten, ich sei kerngesund. Ich mag eines nicht. Als krank eingestuft und diagnostiziert zu werden, da ich wohl keineswegs der Norm entspreche. Ich bin einfach anders. Ein Lebenskünstler, eine Fee, ein Zauberer, ein Chemiker, ein Astronaut, ein Maler. Einfach all das, was ich in dem Augenblick mit meinem Talent wohl vermag, sein zu können. Da sprudelt mir eine Quelle Selbstvertrauen und Offenheit ans Tageslicht. Lustig, oder nicht?
Mir gefällt es jedenfalls. Ich bin da! Das sage ich viel zu wenig im Alltag. Ich mache auch gerne, aus vielem ein Geheimnis. Und lebe so offensiv im Verborgenen, dass ich mich so oft, so schnell selbst verraten kann. Das ist wirklich eine Kunst für sich.

Nach dem Tod und der ablehnenden Worte meiner Mama blieb mir wohl nicht mehr so viel übrig. Ich dachte im Ernst, ich sei an allem schuld. Und ich litt. Und schmollte, manchmal noch heute ein wenig mehr, als es nottut.
Ich kam in eine Pflegefamilie. In eine Familie, denen ich hilflos ausgeliefert war. Ich war 11 Jahre alt und ich erinnere mich bis ins kleinste Detail an den Verlust. Ich verlor am 17. März im Jahre 2007 einmal alles. Wobei meine Mutter noch ein wenig Zeit zum Leben blieb, aber aufgrund ihrer Krankheit, schon vor mir weg war. Ich habe jetzt aber nicht gesagt, sie sei schon tot. Also genau lesen und aufpassen.
Mir wurden 60 Minuten gewährleistet, um all die Dinge einzu-

packen, die wichtig waren. Ich war so gestresst. Ein paar Wochen mit Abschiedsfeier und Trompete hätten es sicherlich besser gemacht. Das denke ich schon, aber mich hat keiner gefragt, was ich brauche. Ich war ja keineswegs klar bei Sinnen. Und krank. Aber das dachten die Erwachsenen, die ohne Wissen ein Urteil über mein Schicksal trafen und mich bitterböse enttäuscht zurückließen und mich selbst als ein hässliches Gepäckstück einpackten und mit mir wegfuhren.
So stand mein ganzes Leben innerhalb einer Stunde völlig über Kopf. Zum Glück hatte mir die traurige Zeit bei meiner Mama sehr viel an Weisheit gelehrt.
So gab es einen wunderschönen Abend. Es lagen noch ein paar Hundert Packungen Wunderkerzen aus der Silvesternacht von 2006 ins Jahr 2007 in meinem Zimmer herum. Ich sammelte so einiges an Schnickschnack, alles wurde sorgsam aufbewahrt, für die spontanen Gelegenheitsanfälle, mich meinem Gefühl von Abschied hinzugeben.

Es war wie gesagt der eine Abend. Bitte keine Fragen zu genauen Zeitangaben, aber so viel war klar, es war in der Zeitspanne von Januar bis März eines Abends gewesen. Ich tat etwas Wunderschönes. Am Küchenfenster daheim schaute ich stumm hinaus. Ohne Sprache verstummt, verlor ich mich in meiner eigenen Welt und kam auf die Idee, mal ein paar Wunderkerzen anzuzünden. Angefangen mit ein paar, die ich aus dem Küchenfenster winkend schwebend hinaushielt. Es war so beruhigend. So viel dachte ich gar nicht nach, aber spürte meine Traurigkeit und den Schmerz der einsamen Verlassenheit. Schön. So wunderschön. Ich tat das, was sonst alle an Silvester taten. Ich ließ ein Stück meines Ichs zurück, um nach vorne schauen zu können. Ich begann, mich loszureißen, aus dem endlosen hoffnungslosen Totenschleier. Weiterhin, um auch wirklich alle Wunderkerzen zu verzündeln, lief ich in das

Schlafzimmer meiner Mama und öffnete dort das große Fenster. Es wurde dunkel, obwohl es erst gegen 18:00 oder 19:00 Uhr gewesen sein müsste. Ich sah den funkelnden Stäben beim Verbrennen zu und fing gar nicht mal an zu weinen. Das waren mir meine Tränen dann doch nicht wert. Die hob ich mir weiterhin auf, um dann in meiner Zukunft in einem Meer voller Tränen untergehen zu können. Einfach ein toller Plan. Oder etwa nicht? Mich stimmte alles wohl etwas sehr negativ, aber als ich keine Wunderkerzen mehr besaß, konnte ich endlich beruhigt weiterleben und ich gab mich meinen Spielsachen in meinem Kinderzimmer hin und spielte noch ein wenig. Schaute später noch etwas fern und vergaß alles um mich herum.

Meine Sicherheit wurde mir innerhalb einer Stunde genommen. Mein Zuhause, es war sehr sicher, aber kein Ort, an dem Kinder etwas verloren hätten, um gesund und glücklich aufwachsen zu können. Das war mir nicht geboten worden, aber es störte mich herzlich wenig. In meiner Welt bestand meine Sicherheit aus einer Opfer-Täter-Retter-Haltung. All das trug wohl zu einer psychischen Erkrankung namens PTBS = Posttraumatische Belastungsstörung, bei. Wodurch ich mit dem Stempel "krank" mittlerweile keine Probleme mehr habe. Relativ zeitnah konnte mit 11 Jahren die Diagnose Borderline gestellt werden, was aber zu dem Zeitpunkt keiner tat. Ich war so kontrolliert bei Bewusstsein, dass es unmöglich war, unvollkommen weiter durch mein Leben gehen zu können.

Angekommen und weggesperrt

Angekommen in der Pflegefamilie, war mir nicht mehr so wohl. Meinem Grundgefühl, dem konnte ich echt nicht mehr vertrauen. Es log und erzählte mir, es sei nicht mein Zuhause. Das geht doch gar nicht. Aber meine Pflegeeltern gaben mir einfach keine Zeit und verständliche Erklärungen, um die Hintergründe zu verstehen. Ich war schon 11 Jahre alt und wohl kein Baby mehr. Aber anscheinend interessierte es alle einen Scheißdreck und ich traute mir nichts mehr zu. Wozu auch? Ich kann sogar schon Menschen durch mein grundloses Dasein töten. Spitzenklasse, um so in einer Comedyshow im Leben zu beginnen.

Meine Mama lebte bis zum 03. Juni weiter. Sie war von März bis Juni noch oft in Bremen im Krankenhaus zu Operationen und zur Chemotherapie. Na, ein Glück, dass ich da nicht mehr ständig mit hin musste. Jetzt war Mama ja eh schon fast bereit zum Sterben. Das können andere Menschen ja echt supergut. Einen ohne Kuss zu verabschieden und zu gehen.

Zerrissen blieb ich erst mal stumm und beobachtete genau meine Außenwelt. Welche Sachen werden mir denn hier geboten? Was ist das denn alles? Brauch ich das denn alles? Alles etwas viel, nicht wahr! Ich entschloss mich, weiterhin nein zu sagen und immer mit ja zu antworten. Prinzip verstanden! Ich hoffe ihr auch? Sonst wärt ihr ja nur halb so klug wie ich. Das geht ja nicht. Von außen machte ich wohl einen sehr verstörten Eindruck, sodass meine Pflegeeltern echt der Meinung waren, mir nagelneue Kleidungsstücke zu kaufen, um mich in hässlichen Blümchen- und Blusen- Outfits besser dastehen zu lassen, was mir aber so gar nicht zusagte. Mir ging es gut, mit den ausgefransten uralten, zu großen schlichten Oberteilen und selber genähten Hosen in Überweite für nicht gerade schlanke Kinder. Was stellen die sich so an?

Ich fing an zu zweifeln. Stimmt etwas an mir nicht? Bin ich wirklich so hässlich, dass ich schon neue Kleider brauche? Mir wurde recht schnell ein Deodorant in die Hände gedrückt. Ich schaute das Ding damals an, als wäre es vom Mond gefallen. Mit 11 Jahren musste ich da wirklich schon so groß sein, um zu wissen, wie es geht, ein Deospray zu benutzen? Ich fand nicht. Wozu? Hat es einen Sinn? Ich stinke ja wohl nicht, wenn ich alle zwei Tage ganz alleine duschen gehe. Das Einzige was mir zu denken gab, war meine Mundhygiene, die erfolglos bei Ersthelferversuchen meiner selbst scheiterte.
Ich hatte an dem Tag einen schwarzen Pullover an. Jedenfalls wurde ich darum gebeten, mich frisch zu machen. Was für sterile Umgangsworte diese komischen Leute mit mir pflegten. Ich gab also echt mein aller Allerbestes. Ich nahm die Kappe des Deos ab, und sprühte einmal über meinen gesamten Pullover mit Deospray. Etwas von mir selber irritiert, stand ich vor dem Spiegel und sah plötzlich diese weißen Sprühstreifen und war bitter enttäuscht über mein eigenes Versagen. Was verlangen diese Leute eigentlich von mir? Ich tat doch das, was mir gesagt wurde? Und trotzdem mache ich alles falsch und keiner hört mir zu? Wie denn auch? Zwei Jahre stumm zu reden, bringt niemanden großartig voran. Die Tatsache heimlich verbergen wollen, ließ mich Stückchen für Stückchen tiefer fallen. Ängste und Unsicherheiten breiteten sich aus.

Ich beschloss wohl, den Fehler in meiner Existenz darin zu sehen und dachte, wenn es mich nicht mehr gäbe, wäre die Welt echt besser.
Kann man mich überhaupt lieben? Geht das bei mir aus irgendwelchen mir unerklärlichen Gründen etwa nicht? Warum? Die Frage blieb wohl eine sehr, sehr lange Zeit zur Debatte offen, was mich später mit 21 Jahren in den kurzlebigen Bann der Prostitution zog. Aber dazu komme ich ein anderes Mal zu

sprechen. Vielleicht morgen, in der Dunkelheit unter dem Sternenhimmel, mit einer Tasse heißem Tee in der Hand.

Ich war 12 Jahre alt geworden und ich bekam während der schönen Sommertage, so furchtbare Schmerzen in meinem Unterleib. Ich spielte immerhin noch draußen und lachte. Äußerte ich mein Schmerzempfinden allerdings gegenüber meiner Pflegemutter, ging sie nur oberflächlich darauf ein und ich wäre nach einer Woche beinahe, aber echt zum Glück nur beinahe an einer Blinddarmentzündung gestorben. Anscheinend wollen mich andere sterben lassen. Was denken die sich dabei? Hallo, ich habe Schmerzen, aber anscheinend ist es ja kein ausreichender Grund, um sich darüber zu unterhalten oder es gar so ernst wie einen realen Todesfall zu nehmen. Na, wartet bloß ab. Euch werde ich es schon noch zeigen.
In immer so kleinen unscheinbaren Momenten des Alltages starb meine Seele ein Stück mehr und ich sperrte mehr und mehr weg. Kontrolle, bloß nie wieder die Kontrolle verlieren. Das ist doch echt das allerbeste dieser Welt. Ja, das ist es echt. Geht aber leider nicht ohne andere Menschen. Als Einzelkämpfer bleibt man wohl sehr viel allein. Störte mich aber über die Jahre hinweg kein Stück. Ich kämpfe jedenfalls für meine Daseinsberechtigung, auch wenn mich keiner sieht. Wo bin ich denn? Wo ist mein Ich? Ein Echo ohne eine Antwort darauf zu bekommen. Hm. Dann halt nicht. Nein sagen geht ja auch recht gut. Und da mich eh keiner haben will und ich der Abschaum einer modernisierten Gesellschaft bin, interessierte es mich einen Dreck, was andere über mich dachten. Ich kümmerte mich heimlich um meine emotionale Bedürfnisbefriedigung und erledigte meinen Kram immer still und heimlich. So kam ich als Eintagsfliege gut zurecht. Immer wieder auf ein Neues versuchte ich, die Trauer zu fühlen, irgendetwas anderes als diese furchtbaren Schmerzen. Von außen lachend, innerlich

aber unnahbar. Nur wer mich lachen sieht, hat noch lange kein Urteil darüber zu fällen, wie es mir innerlich wohl gehen könnte. Mag alles richtig sein, was andere Leute denken und sagen, aber zugeben tue ich es erst bei einer vollen Portion an Menschenvertrauen. Sonst nichts.

Als ich in die Notoperation in das LDW kam und mein Vater extra noch herkommen musste, um eine formale Unterschrift auf so ein Formular zu setzen, konnte die Reise endlich beginnen. Also die Mittel, die im Krankenhaus zu kriegen sind, die fand ich echt prima. Ich wurde darum gebeten, bis 10 zu zählen. Weiter als drei schaffte ich es nicht und war weg.
Nach einem erneuten Aufwachen in dieser Welt war ich erst mal wochen- und tagelang sehr irritiert gewesen. Hä, war ich tot. Bin ich tot, wenn ich schlafe? Kann ja sein, aber dann schlafe ich ganz viel, dann bin ich frei. Das ergab äußerst viel Sinn in meinem kleinen Kopf. Die Depressionen wurden meine allerliebsten Zeitgenossen. Einfach spitze, solch einen mitfühlenden Kumpanen in sich zu haben. So bin ich ja gar nicht mehr ganz alleine. Toll. Spitzenklasse. Oh ja, also warum nicht zu einem depressiven Menschen hinvegetieren? Warum nicht? Kann man ja mal ausprobieren, wer dafür genügend leidenschaftlichen, selbstzerstörenden Autoaggressionen nachgehen kann. Der hat es echt voll drauf. So wie ich!
Nach einer Woche Krankenhausaufenthalt wurde ich an einem Freitagmorgen abgeholt. Meine Pflegeschwester fuhr mit und ich wollte nicht. Ich wollte lieber im Krankenhaus bleiben. Da hat es mir sehr gefallen. Ich war zwangsläufig an ein Bett gefesselt, weil das Aufstehen nach einer Blinddarm Operation so gut wie unmöglich zu bewältigen war. Nach einer ausgewogenen Auskurierung schaffte ich aber doch wieder einmal den Absprung und ließ dort an diesem Ort ein Stück meiner selbst zurück.

Es dauerte keine halbe Stunde und ich war zurück. Zurück an diesem mir noch unheimlicheren Ort. Das Paradies Pflegefamilie. Na super. PFLEGEKIND. Bin ich ein Pflegefall? Müsste ich dann nicht zumindest eine offensichtliche Behinderung haben? Also im Krankenhaus zu liegen, geht ja sehr schnell. Gib aber bloß keine Suizidäußerungen an, sonst kommst du vermutlich erst nach ein paar Monaten wieder oder wenn überhaupt wieder hinaus.

Neues Kapitel

Blut. Überall. Mein Schlafanzug. Blutgetränkt. Der Krankenhausaufenthalt damals hat mir wohl mehr zugesetzt, als sichtbar gewesen war. Aber nicht mehr, als ich an jenem Abend noch das Zimmer mit meinem kleinen Bruder teilte und nicht schlafen wollte oder konnte. Ich überlegte hin und her. Hin und her. Das übliche Gänseblümchenspiel. Ich liebe dich. Ich hasse dich. Zum Schluss gewann die gründlich überlegte Entscheidung, einen Unfall vorzutäuschen. Ich ging zur Treppe, die nach unten zu den anderen Zimmern führte und dann riss ich mit aller Wut die frisch operierte Narbe wieder auf. Boah das war ein sehr blutertränkendes Dilemma. Schade, vielleicht hätte ich danach vielleicht mal psychologische Beratung bekommen. Nein. Warum? Was hab ich denn falsch gemacht. Das Aufreißen dieser Narbe erleichterte mein Bewusstsein meines Lebens. Ich kann nicht leugnen, dass ich daran keinen Gefallen fand. Woran sollte ich denn sonst einen Halt finden, wenn ihn mir von außen keiner gibt oder man mich wie einen fehlerhafter Dreckfleck übersieht. Müll zum Aussortieren.

Ich versuchte, Tränen aus meinen Augen triefen zu lassen, was aber überhaupt kein Gelingen zur Folge hatte. So ein Mist, was mach ich denn jetzt. Also ich konnte ja auch sprachlos vor Entsetzen erstarren und piepsen. Mir hört ja eh keiner zu. Ich betrat vorsichtig und leise das Wohnzimmer, indem meine Pflegeeltern noch zu später Zeit fernschauten. Ich sah sie nur an, mehr nicht. Erschrocken lief meine Pflegemutter aus dem Wohnzimmer. Also nein, wenn ich Blut sehe, dann werde ich gleich ohnmächtig. Ja, schon klar. Du Miststück. Viel mehr kann man in solchen Momenten auch nicht mehr denken. War so meine eigene Meinung. Dafür brauche ich jetzt keine Zustimmung. Solch vulgäre Worte können selbst in keinen Momenten des Lebens eine Entschuldigung dafür sein, selber nicht

mit seiner Wut und Trauer umgehen zu können. Nein. Das geht so nicht. Dafür gibt es ja Gedanken. Denkverbote wurden in dieser regelkonformen Gesellschaft noch nirgends verhängt. Hätte mich bestimmt nur geärgert, wenn ich eines gesehen hätte. Ist wohl besser so, einen freien Gedankenspielraum zur freien Emotionsbewältigung gleich parat zu haben.
Was man verbal äußert, zeigt dann wohl den altersentsprechenden Entwicklungsstand. Was nun richtig und falsch ist, ist nicht zu beurteilen. Es geht so und so und anders und dann noch kreuz und quer. Senkrecht, waagerecht und diagonal sowieso.
Sie sorgte aber immerhin mit dem Appell an meinen damaligen Pflegevater, eine Notfallwundversorgung zu unternehmen. Es war mir mehr als unangenehm. Scham überflog mich und da hätte ich am liebsten Rotz und Wasser geheult. Nur das ging nicht. Dafür ist mir meine Trauer zu wertvoll. Einerseits gut versorgt zu werden, andererseits wollte ich es gar nicht. Hätten mich doch besser gleich verbluten lassen sollen. Dann wären die restlichen Jahre mit denen nicht so eine üble Achterbahnfahrt geworden.

Nach dieser Aktion ging mein Leben erst mal in geregelten Bahnen weiter. Ich ging zur Schule. Obwohl mir in der Grundschule vor der Zeit in der Pflegefamilie eine Haupt- oder Sonderschulempfehlung ausgesprochen wurde, schlug ich mich tapfer durch mein Leben.
Ich lernte so fleißig jeden Tag für die Schule, dass am Ende der fünften Klasse überwiegend nur Einsen und Zweien darauf standen. Ohne damit jetzt angeben zu wollen, denn gut ging es mir damit auch nicht. Ich wechselte aufs Gymnasium. Dort hielt ich ein ausgesprochen gebildetes Niveau und verdrängte so alles Negative aus meinem Leben. Leben bestand aus Lernen, Hungern und Lernen und eine überglückliche erwachsene

Rolle einzunehmen. Schweigen ist Gold. Und reden Silber. Schweigen tat ich bis dato noch weiter. Mit 13 Jahren allerdings vergrub ich mich in eine Form der Essstörung. Ich habe innerhalb eines halben Jahres von der Aufnahme bis zum Tiefpunkt, fast 30 kg an Gewicht verloren. Mir fiel auch echt alles sehr leicht. Kein Wunder oder? Leicht sein, das ist das wahre Leben.
Wobei ich nie darin festhängen blieb. Was zur Alltagsbewältigung allerdings beitrug, das waren die Klingen, Messer, Scheren und Glasscherben.
Davon hatte ich mehr Schmerz. Schmerzen körperlich zu spüren, das kannte ich doch schon. Zählen die Schläge meiner Mutter etwa nicht? Tat es mir etwa nicht weh? Was waren all die überhörten Momente, in denen ich lachend erzählte, ich habe Kopfschmerzen. All das Missverstandene auf einer so prägnanten Verhaltensebene. Echt zum Totlachen oder nicht?

Ja ich muss ja schließlich mit mir selber zurechtkommen und kein anderer mehr. Meine Mutter war ja schließlich schon tot. Toter als tot. Aber ich habe nie die Hoffnung daran verloren, mir selber eine neue Mama suchen zu können. Das ist ja mal so ungerecht, damit kann ich nicht leben. Und kein anderes verlorenes Kind auf dieser Welt hätte so etwas verdient. Oder doch? Also wenn mir andere beweisen, dass sie nur Schande an mir verrichten wollen, würde ich es aushalten können, aber zurück in das andere Leben abtauchen, wo ich einst mit angefangen habe.

Es bestehen die zwei Welten und es zerreißt in den schlimmen Momenten die Realität gerne in zwei Stücke, ohne jedoch lange voneinander getrennt zu sein. Eine imaginäre Leitung wird erst wieder sichtbar, wenn der Schmutz weggemacht wird.
Meistens liegt es doch mehr an einem selbst, als dass andere

Menschen großartig was daran ändern könnten. Die Verantwortung trägt jeder Mensch schließlich nur für sich selbst. Das war meinen Pflegeeltern eher bewusst als mir. Mich plagten ernsthafte Schuldgefühle, versagt zu haben. Aber was konnte ich denn für den ganzen Scheiß, der passiert ist? Bin ich wirklich selber schuld? Nein. Weil ich mir meine Unschuld brav bewahrte und sehr viel log und ein Meister im Tatsachenverdrehen bin. Es ist alles viel schlimmer, als man denkt.

Eine von Millionen Erklärungen, weshalb ich heute so bin, wie ich bin

Man nennt es wohl Entwicklungsfortschritt, sich mit der magischen Zahl 7 philosophisch zu beschäftigen. Alle 7 Jahre findet ein Erneuerungsprozess im Körper statt. Neue Zellen bilden sich, man wächst, die kognitive Erweiterung der Gehirnzellen, sie werden mit neuen Verbindungen ausgestattet und, und, und. Aufgrund der bestehenden Tatsache, dass der Mensch in die Gruppe der Lebewesen gehört und man dadurch mit komplexen Vorgängen im Gehirn einen Übertragungsmechanismus durch die Spiegelneuronen in sich trägt, kann man sich mit der Tierwelt einmal vertraut machen. So kann man sich mit einem ganz bestimmten Tier identifizieren.
Meine Ausgangsposition ist, dass ich durch die Quelle meiner Entstehungsexistenz, ein sehr kluges, weises, beobachtungsfähiges, speicherungsfähiges und zusammensetzungsfähiges Chamäleon in mir trage!
Schon vor meiner Geburt habe ich wohl als kleiner Embryo wahrgenommen, oh, die Welt da draußen ist nicht sicher. Ich bewahre mir als Schatz meiner eigenen Lebensquelle meine hohe Form der Anpassungsfähigkeit! Somit habe ich schon dort angefangen, mein Überleben zu sichern. Das ist einfach großartig und ich bin so stolz darauf, so viel geschafft zu haben.

Ich habe die ersten zwei Lebensjahre überwiegend damit verbracht, genau zu beobachten. Eingespeicherte Informationen, die mir jetzt erst zum Nutzen werden. Die weiteren Lebensjahre habe ich damit verbracht, schon unbewusst immer zwei Jahre mir selbst voraus zu sein. Durch die traumatischen Stressreize konnte ich mich selber nicht entwickeln. Ich blieb in meinem Selbstwertgefühl so weit zurück, dass es klar für meine

Zukunft erst mal schon vorbestimmt war, mich selber einmal verlieren zu müssen, um mich danach selber wieder zu finden! Das habe ich geschafft! Der Kreislauf würde sich anhand meiner eigenen aufgestellten Theorie supergut erschließen. Das finde ich großartig. Jetzt, heute, im Hier und Jetzt, bin ich 23 Jahre alt und wie gesagt: Die Auseinandersetzung mit mir selber konnte erst jetzt beginnen, da ich mir selber 2 Jahre im Voraus bin und mit 21 Jahren schon Todesängste durch die Vergewaltigung innerhalb der Prostitution erlebt habe. Mittlerweile kann ich genau reflektieren, dass das was der letzte Freier getan hat, nicht in Ordnung war. Er hat nicht auf mein nein gehört und absolut alle noch in mir vorhandenen Grenzen überschritten. Allerdings war es bedingt durch meine prägenden Vorerfahrungen, durch den Tod meiner Mutter im Alter von 11 Jahren, dass ich selber erst einmal emotional sterben musste, um danach leben zu können. Projiziert, müsste Jesus sehr viele Schuldgefühle mit sich herumgetragen haben und dadurch die gesamte Menschheit manipulativ instrumentalisiert haben. Kluger Typ, aber ich kenne kein anderes Buch auf der Welt, das so viele Lügen erzählt. Meiner persönlichen Meinung nach. Das überlasse ich jedem selbst, wie er zu dem Thema Bibel steht.

Was noch wichtig ist, als Kind war ich abhängig von den Menschen aus meiner Umgebung. Ich war 11 Jahre alt und damit also noch ein Kind. Die Worte meiner Mutter waren sehr treffend ablehnend. Ich möchte sie gar nicht wiederholen! Das ist absurd, was sie damals zu mir gesagt hat und danach einfach gegangen ist. Ich war zu jung, um die gesamten Zusammenhänge so komplex erfassen zu können. Na, zum Glück bin ich mittlerweile eine erwachsene junge, gestandene Frau und bin nur noch von mir selber abhängig und sorge auf meine ganz individuelle Art und Weise für mein Leben. Für den Tod meiner Mutter wurde ich vergewaltigt. Sollte wohl als Seelenschmerz ausreichen, um den Ursprung als Friedenspakt mit mir selber zu schließen und dem Weg meiner inneren Stimme zu folgen!

Wen meine verschlüsselten Schriftwerke wirklich interessieren, der wird mich verstehen können. Der Rest der Menschheit wird mich wohl immer in irgendwelche Schubladen einsortieren, was auf die gesamte Stigmatisierung zurückzuführen ist, in einer Welt wie dieser, nicht in Ordnung sein zu können, was aber durchaus eine sehr kluge Verhaltensstrategie ist, weil wirklich nur die Leute wissen werden, wer ich wirklich bin, die sich 1. mit sich selber auseinandergesetzt haben und 2. mit sich selber im Reinen sind!

Ich sorge gut für mein inneres Chamäleon!

Ein Trauma baut sich gerne auf ein schon vorhandenes Trauma auf

Wussten Sie, wenn eine Person schon einmal ein Trauma durchleben musste, dann stehen die Chancen recht hoch, dass es sich immer wiederkehrend wiederholen wird, sofern man selber irgendwann feststellt: Es ist doch längst vorbei.

Vorbei, es passiert doch alles gar nicht mehr. Das Déjà-vu blasst aus und die Erinnerungen drängen weiter und weiter nach hinten, bis es einen mit einem Schlag zurück ins Gesicht haut und da die Stärke der eigenen Person gefragt ist. Wahrheit ist Gesetz. Und dem folge ich. Bleibe der Wahrheit treu und du bist gerettet. Gerettet für immer und ewig. Egal wo du dich in der Welt befinden wirst, deine Identität kann dir wohl kaum mehr gestohlen werden. Es ist wahrlich kein sehr angenehmer Weg. Gerade und aufrecht zu stehen, für das, was einst geschah. Aber hey, Kopf hoch und die Trauer zulassen. Trauer und Freude gehören zusammen, sonst geht das Leben nicht in geraden Bahnen voran, sondern verursacht schwere Schäden an Herz und Nieren.

Mein erster Klinikaufenthalt, der mir zwar half, aber das Verlust- und Bindungstrauma erneut reaktivierte. Mit 13 Jahren war es so weit. Leicht untergewichtig mittlerweile. Bei einer Größe von 1,55 m mit 45 kg zuletzt. Suizidal und depressiv. Ich liebte zu der Zeit den Winter. Die Kälte. Alles, was ich bereits weggesperrt hatte, das war fest zugeschlossen. Ich schloss mein eigenes Herz ab. Kein Wunder, das es mit der Zeit von Rot zu Blau und Grau wurde. Am Ende meines letzten Tiefpunktes sah es nun wirklich sehr schwarz aus. Kein Lebens- und Atemzug mehr vorhanden. Aber ganz schwarz wird es erst, wenn ich tot bin. Und mein jetzt rotes pochendes Herz im Alter von über 100 Jahren sich dem Ende nähert.

Ein lebendes Herz ist nicht so leicht zu zerstören, da gehört schon einiges dazu. Und mal ganz ehrlich, wovor soll ich denn jetzt noch Angst haben? Dass ich erneut vergewaltigt werden könnte? Dass ein anderer Mensch vor mir diese Erde verlässt? Dass ich angeschrien, zusammengeschlagen oder verunsichert werde oder gar umgebracht werden könnte? Nein das geht nicht mehr. Damit kann keiner zu mir durchdringen. Das ist vorbei und ich beschreite meinen Lebensweg in eine wunderbare Richtung. Zielstrebig, ungehalten, nett und zuvorkommend. Und, und, und. Und es wäre alles nichts, was ich nicht ohnehin schon kennen würde oder schon alles einmal erlebt habe.

Klar, eine Gefahr gibt es immer und überall. Die schwarzen Schafe der Gesellschaft und Kultur. Aber sie seien von Gott gesegnet, dass sie eines Tages doch noch mal wieder zur Vernunft finden und andere Lösungen für ihre Entscheidungen treffen können. Liebe ist stärker als Hass. Steht sogar schon in der Bibel. Wobei ich gar kein so gläubiger Mensch bin. In gewissen Momenten wird es wohl einen Gott geben, der von oben einen bewacht und die weiter lässt, die es wirklich wollen.

Kein Grund zur Panik, selbst wenn mir noch einmal irgendetwas zustoßen sollte, dann bewahre Gott auf Erden, mein Leben. Das Leben ist das allerheiligste Gut, worauf ich wie einen unbezahlbaren Goldschatz drauf aufpasse. Mir ist es mein Leben nicht wert, mich schädlichen Kontakten, schädlichen Substanzen etc. auszuliefern. Ich habe meine eigene Sicherheit bereits wiedergefunden und halte fest an meinem Selbstvertrauen. Die Person, die mir in einem Augenblick etwas antun sollte, wäre ab einer Gewissensgradzahl selber für ihr Handeln und Tun verantwortlich. Es gibt immer zwei, aber es gibt nur einen begrenzten Spielraum für Toleranzen und Akzeptanzen.

Nichts kann einem mehr wehtun, als sich permanent hilflos, schutzlos, beschämt, beschmutzt, entwürdigt, erniedrigt, verängstigt, alleine, missverstanden, schuldig, übersehen, abgelehnt, verloren, traurig, verleugnet, verkauft, zu fühlen.

Das alles sind reale Gefühle, die meist innerhalb eines Traumas so stark vor Erregung der Überlebenskräfte verdrängt werden müssen, um überhaupt noch eine Chance auf Hoffnung haben zu können. Wenn es vorbei ist, dann ist es aus und der Täter selbst muss wohl mit der getroffenen Entscheidung weiterleben können, jemanden umgebracht zu haben. Nicht meine Schuld. Ich lebe mein eigenes Leben und habe mich selbst als einer der wertvollsten Menschen auf Erden so akzeptiert, wie ich bin. Mit meinen Gefühlen ist soweit alles in Ordnung und mit der Borderline-Spannung, kann ein gesunder Umgang zur Aktivierung eigener Selbstheilungskräfte hervorgerufen werden.
Also Hut ab und weiter so.

Genauso gibt es das liebe Gegenstück. Gesetze, voller Eintrittwirkungskraft, sofern man leicht abergläubisch werden will. Geh nicht unter einer Leiter durch, sonst passiert etwas. Ja, daran hab ich noch nie so einen Gefallen finden können. Ein Aberglaube besagt alleine schon durch das Wort, dass ein Widerspruch darin zu finden ist. Habt ihr das Rätsel auch schon so schnell lüften können? Ich schon. Aber ich muss ja zum Glück nicht alle meine Geheimnisse verraten, wie ich das gemacht habe.

Hm, na ja. Zurück zum Ursprung. Ich war mit 13 Jahren völlig depressiv. Wie ganz am Anfang schon angeschnitten. Ich saß nur in der Ecke herum und wollte einfach nicht mehr leben. Ich machte alles, was mir gesagt wurde. Aber ich fiel so tief. Ich war am Boden zerstört und schnitt mir meine Arme auf. Also für meine Verhältnisse machte ich doch einen sehr gesunden Zustand aus. Oder etwa nicht? Kann ich alles nicht so nachvollziehen. Na ja. Ich weinte mich jeden Abend in den Schlaf, um mich der Traurigkeit wirklich hinzugeben, was ich sogar so sehr schaffte, dass ich nur noch aus einem Meer aus Traurigkeit bestand und wohl nie wieder glücklich werden könnte. Nein, es gibt keine Hoffnung mehr und dieser Zug ist wohl bereits ohne mich abgefahren. Na ja, vielleicht den nächsten oder übernächsten oder doch lieber den über-, über-, über-, über-, über-, übernächsten. Reicht das Über? Oder soll ich noch ein Über drübersetzen? Es wurde in der Kinder- und Jugendpsychiatrie zwar nicht alles besser, aber ich fand viele Gleichgesinnte. Die kannten den ganzen Scheiß ja, so wie ich auch. Eine neue Welt. Ein neues Kapitel von Verstandenheit, Dazugehörigkeit und Freunde. Die verstehen mich ja alle, das können nur Freunde sein. Zu der Zeit dachte ich das wirklich, aber jetzt nicht mehr. Aus Freunden können auch Feinde werden und aus Spaß ganz schnell Ernst! Und aus Feinden können wahre Freunde werden und aus dem Ernst auch ein echter Spaß! Toll, diese mathematische Umkehrformeln! Ich liebe sie! Ja wirklich. Mathematik war immer eins meiner Lieblingsfächer. Abgesehen von den anderen Schulfächern, wie Physik, Biologie, Chemie und Psychologie. Alles zusammen ergibt eins und es hat Sinn und Verstand. Deutsch ist im Übrigen auch ein sehr tolles Schulunterrichtsfach. Sowie Kunst, Musik, Sport und alle, die es noch so gibt.

Die Aufnahme in die Kinder- und Jugendpsychiatrie. Habe ich

schon mal erzählt, wie sehr ich darin begabt bin, vor allen Sachen und Menschen davonzulaufen. Das Festhalten meines Körpers ist wohl zwecklos. Ein Vergewaltigen allerdings purer Erfolg. So lief ich vor dieser Aufnahme und meines abgelehnten Daseins zweimal aus der Pflegefamilie davon. Eines Tages direkt nach der Schule. Ich wollte nicht zurück, an diesen schrecklichen Ort. Dort wo mir nur Lügen erzählt wurden und meine Gefühle nur verdreht wurden. Ob ich es heute noch so als Wahrheit sehen kann, ist wohl ein Nebenrandgebietsthema. Ich lief wie gesagt eines Tages davon. Eine gleichgesinnte Schulfreundin mit denselben ungewaschenen Haaren ließ sich auf den Scheiß drauf ein. Wir machten einen Plan, sodass uns bestimmt niemand finden würde. Schon gar nicht jemand vom Jugendamt. Wir waren unterwegs zu ihrem Zuhause. Im Kleiderschrank zu leben, das war der Plan der Pläne. Sie hatte einen und wir überlegten voller Bedachtheit, das ist ein gutes neues Heim für mich. Ja, im Kleiderschrank, dort könnte ich wohl einige Zeit bleiben. Da findet einen niemand. Auch nicht ihre Eltern, die versoffen in der Ecke saßen und ihr ein Trauma verpassten, so wie ich es auch schon kannte.

Von der Überzeugtheit, mit einem zu über 100.000 % Spannungszustand und einem Kribbeln im Bauch, fuhr meine Pflegemutter mit dem blöden Auto vor und hielt an. Erschrocken, mit den erstarrtesten Ausweichstrategien, überredete sie mich, doch bitte ins Auto einzusteigen. Was denkt sie sich dabei, mich so zu behandeln. Mich will doch im Ernst keiner freiwillig wieder haben. Was stimmt bei der Frau nicht? Also wirklich. Nein, sagte ich und sie gewann. Sie zwang mich zu ihrem Glück, nicht auf einmal leer und ohne geldeinbringendes Pflegekind dazustehen. Zu meiner Freundin sagte sie Tschüss und fuhr mit mir davon. Schmerzhaft. Sie ließ sie einfach am Straßenrand stehen. Im Geiste auch mich, ohne dass sie es wohl bemerkte. Ne, das war so gemein. Heute bin ich ihr aber nicht mehr so böse, wie in jenem Moment. Schon gut, jetzt bin ich ja weg.

Das eine Abhauen ist ja eindeutig misslungen. Was soll das denn? Zum Scheitern verurteilt oder wie? Ich mach's besser. Oh ja. Der Schulsport ist ohnehin immer nur etwas für die blöden Flaschen ohne Verstand. Also beschloss ich, mir die letzte Stunde freizunehmen. Ich schlich offensiv heimlich in die Umkleide. Zwei meiner Freunde kamen hinterher und ich erfand grandiose Ausreden. Alles nicht gelogen, denn ich musste nach Hause. Ich hab etwas verloren und das tut schrecklich weh. So schrecklich, dass ich meine restliche Lebenszeit nicht damit verbringen sollte, den beschissenen Schulsport weiterhin mitzumachen. Nein. Ich rannte davon und nahm den erstbesten Bus, der Richtung Sulingen fuhr. Ich wollte meine damalige Freundin wiedersehen. Wir haben einen Treffpunkt vereinbart, aber wie jeder Schauspieler weiß: Generalproben vor den Auftritten laufen alle immer schief, nachdem das Stück perfekt aufgeführt werden kann.
So war es auch da. Ich spurte nichts mehr. Taubheit meiner Seele. Ich klaute noch mal eben schnell Kaugummi aus einem Laden. Und aus irgendwelchen Gründen klaute ich gerne in der Schreibwarenabteilung.
Den Weg nach Hause kannte ich noch. Oh ja. Das war einfach. Doch mir gelang wie gesagt echt nichts. An einer Ampel mit Kreuzung fuhr doch glatt meine große Schwester an mir vorbei und hielt an. Sie freute sich, mich wiederzusehen und nahm mich mit. Die Lüge kam erst später ans Licht. Ich erfand Notlügen, die ich vergessen hab, so schlecht müssten diese gewesen sein. Sie setzte ihre Schulfreundin bei ihrem Zuhause ab und stellte mich danach zur Rede. Ihr müsst wissen, sie besuchte eine wichtige Schulform, um berufliches Vorankommen

sicher in der Hand zu haben.
Sie nahm sich Zeit für mich und ich sah ihre neue Wohnung. Toll. Hier fühlte ich mich wohl. Mein kleiner Neffe war auch da und ich spielte mit ihm. Wir gingen nach draußen und kauften noch Kekse ein. Meine Schwester hat mich wohl wirklich sehr lieb. Hier kann ich doch wohnen bleiben. Aber meine Pflegemutter machte mir wirklich einen Strich durch die Rechnung. Was soll das?
Ne, nein. Das kann nicht so sein. Sie kam am späten Nachmittag und fand über tausend Wege heraus, wo ich steckte. Zum Glück fiel mir kurz vor ihrer Ankunft mein Abhauen und Verschweigen dieser Tatsache wieder ein. Oh. Es wurde laut und wir diskutierten allesamt. Nicht schön.

Am nächsten Tag ging ich wie gewohnt in die Schule, aber mein Pflegevater holte uns drei Pflegekinder von der Schule ab, wo ich allen erzählt habe, ich käme in ein Kinderheim. Jetzt ist es aus und vorbei. Zu Hause angekommen, wurde ich darum gebeten, meine Tasche zu packen. Außer dieser vielen geklauten Postkarten, Stifte etc. wusste ich nicht, was ich sonst so großartig brauchen würde. Hm. Ja klar, ein paar Messer für unterwegs und Süßigkeiten. Ja, ich bin fertig. Fertig ohne Ende. Tränen, die mir nur noch so übers Gesicht flossen und nie wieder aufhörten. Nie mehr. Meine Pflegemutter schrie mich beinahe an, als sie mich im Chaos fand. Sie übernahm das Taschepacken und bat mich, allen Tschüss zu sagen. Aber ich schwieg. Reden kann ich nicht. Ich bekomme meinen Mund nicht auf. Hallo, ich bin wohl zu wütend dafür, als meine emotionalen Grenzen aufzeigen zu können. Hallo. Meine große Pflegeschwester forderte mich auf, Tschüss zu sagen. Julia, jetzt warte doch mal. Hä, was will sie von mir? Nein, ich kann nicht reden. Nein. Böse ging ich zu ihr und sie umarmte mich vorsichtig. Oh, ganz gefährlich. Berührungen.

In der Klinik weinte ich immer noch. Ich hörte nie wieder auf zu weinen. Nie wieder. Ich betrat den abgesperrten Bereich, nachdem die Frau von der Aufnahme beschloss, mich direkt dort zu lassen. Ich weinte und verlor mein Bewusstsein. Ich konnte irgendwann nicht mehr und sah die Gruppe. Ich verließ schon freiwillig meinen Körper und stand völlig neben mir. Ich sah mich in meinem Lieblingspullover stehen und spürte mich nicht mehr. Keineswegs. Wo bin ich? Meine Pflegemutter ließ mich dort. Anscheinend bin ich ein wahrer Fall für die Klapse? Ja, wo denn sonst als hier gehöre ich wohl hin? Scheiß blöde Kuh. Ich hasse sie. Zum Glück sind Pflegeeltern dafür da, um sie abgrundtief hassen und lieben zu können. Also mittlerweile werde ich den Schreck wohl verkraftet haben, weil eine Psychiatrische Klinik nicht nur Schaden anrichtet. Sie halfen mir auf eine echt komplizierte Art und Weise, wohl meinen eigenen Lebensweg finden zu können.

Eine Danksagung kann ich ihnen aber auch noch mal zukommen lassen. Sie boten mir die Möglichkeit auf eine super Schulbildung und halfen mir, meinen Führerschein zu machen. Vom Kind, zum Teenager, der ich echt lange war.

Ich blieb zweieinhalb Monate dort, ohne einmal alleine rausgehen zu dürfen. Schade. Ich bemühte mich ernsthaft, um nach draußen zu dürfen. Stattdessen verschlimmerte ich einfach alles. Alles und wieder alles. An einem Tag verlor ich aus Versehen meine Stimme und wurde gefragt, ob ich in die Küche gehen würde, um mir etwas damit anzutun. Klar, jederzeit gerne. Also für Missverständnisse ist wohl jeder Mensch parat, aber um mir zu helfen, eine Trauerphase zu bewältigen, das schaffte bisher noch keiner. Erst hier in meinem richtigen Zuhause fand ich Zuflucht und eine Aufladestation, um zu trauern und traurig sein zu dürfen. Ich bin stark und es ist in Ordnung, traurig zu sein. Supermanpose.

Ich stehe als junge Frau meinen eigenen Mann. Erklärt wohl

die Tatsache, dass ich Single bin.

Ich kam nach meiner Antwort, die ich den Ärzten gab, direkt in eine geschlossene Klinik. Ich wurde eingesperrt. 4 Wochen lang. Dort waren die Fenster vergittert. Ich durfte nichts außer Taschentücher bei mir haben und raus kommt man da auch nicht ohne Weiteres. Die Hölle auf Erden, aber es half. Ein wenig Vernunft brachte es mir tatsächlich wieder ein. Okay, die suchterzeugenden Medikamente wurden abgesetzt. Schade. Süchtig wollte ich jetzt aber bleiben. Aber mir ging es nach und nach besser. Nach den 4 Wochen holte mich meine Pflegemutter wieder ab und ich lachte nur noch. Starke Symptome traten auf. Ich hatte nur noch Albträume, erschrak mich immer und überall und hatte Angst. Vom Gymnasium herunter, besuchte ich ab der 7. Klasse weiterhin die Realschule. Ich pinkelte mit 15 Jahren wieder ins Bett. Und mit 16 holte ich die Schnullerphase nach. Ich wurde ein echtes Teenbaby.

Was das Schlimmste war, mein kleiner Bruder fing an, sich vor meiner Zimmertür zu befriedigen. Missbrauch innerhalb der Pflegefamilie und der Schock auf Erden. Mir glaubte keiner. Stattdessen wurde mir die Schuld selber zugeschoben. Ich bat meinen kleinen Bruder immer, sich etwas anzuziehen oder seine Zimmertür zu schließen. Nein, er weigerte sich. Ekel und Wut, die ich an mir selber ausließ. Anscheinend litt ich wohl sehr gerne. Schnittwunden, bis ich endlich 18 Jahre alt war. Mit 16 pausierte ich ein Jahr mit dem Ritzen und fing an, alles anzuziehen, wo Alkohol drinne war. Ich trank. Egal was. Mit 17 war mein Alkoholkonsum schon derart schlecht, dass ich trank und mir jederzeit die Arme aufschnitt. So schlimm war es wirklich. Meine lieben Depressionen hätten mich fast sterben lassen. Ich wollte sterben und mich von einer Zugbrücke herunterstürzen und mich vom Zug überrollen lassen.

Ein Glück, dass ich nicht der einzige Mensch auf Erden bin. Ich besuchte ein Fitnessstudio im nächstgelegenen Ort. Und dort begann meine Sportlerkarriere. Ich traf auf eine ganz, ganz, ganz liebe Person. Sie nahm mich liebevoll in den Arm und ich war echt irritiert. Was ist das denn? Ich liebe es hier. Hier gehts mir gut. Hier will ich bleiben. Mich hat doch noch jemand lieb, dafür, dass es mich einfach so gibt. Boah, das ist ja toll. Sie rettete mir das Leben. Noch einmal muss sie es hoffentlich nicht schaffen, obwohl ich ein echtes Nachholbedürfnis habe, geliebt zu werden. Aber wie sollen mich andere Menschen lieben, wenn ich es denn nicht einmal selber aus eigener Kraft schaffe. Den Energieaufwand, den muss ich selber ankurbeln und aufladen. Und dafür benötige ich wohl die gesamte Welt. So doll fühlt sich Liebesentzug an, wenn man unter Größenwahnsinn leidet. Das war aber nicht von Anfang an mein Plan. Ne, irgendwie nicht.

Der jahrelange Missbrauch ist ein Teil von mir und auch die Zeit innerhalb der Prostitution. Ich wurde vom letzten Freier brutal vergewaltigt und schreibe bald mehr dazu.
In dem Trauma nach dem Tod meiner Mutter, wusste ich nicht mehr weiter. Ich beschloss unbewusst schon damals, mein Leben zu gestalten. Als ich früher mal etwas über Prostitution und Drogensüchte nach Traumen las. Das sollen alles Traumafolgestörungen sein. Ergibt auch Sinn. Und die unbewusst beschlossenen Dinge nach einem Trauma müssen mitgeteilt werden. Gehe ganz offen und ehrlich damit um. Das hilft einem weiter. Mir zumindest. Nach dem Trauma der Vergewaltigung geriet ich ins selbe Dilemma, wie nach dem Tod meiner Mutter. Ich wohnte damals in Oldenburg und besuchte immer eine Freundin. Auf dem Nachhauseweg sah ich zwei Junkies sitzen, die sich Heroin spritzten. Erst wollte ich mich dazu gesellen und denen ihre Droge klauen, aber ich unterließ es. Ich

sollte mich niemals mit Drogen anfreunden. Wenn ich das jemals tue, dann weiß ich nicht, warum ich dieses Buch überhaupt angefangen habe zu schreiben. Tja. Besser ich halte die Gefühle mit dem kleinen Kind aus und gewinne das Leben, als da zu sterben, ohne Schuld an den gesamten Dingen meiner Vergangenheit zu tragen.
Der Weg zum Erwachsenwerden. Ich bin erwachsen. Also sollte ich mich auch so verhalten. Und ein Buch veröffentlichen und zu mir selber stehen. So wie ich bin. Und ich bin mir sicher, mit so einer Intelligenzquote werde ich die besten Aussichten auf beruflichen Erfolg haben. Und in einer Klinik habe ich mir nach der Vergewaltigung eigenständig therapeutische Unterstützung gesucht. Das ist so klasse. Von ganz alleine habe ich den Absprung geschafft. Und dort wurde mir von einer Therapeutin direkt gesagt: "Sie sind ernsthaft krank!" Ich bekam einen Schock. Ich krank, inwiefern? Dass ich ein Bewusstsein im Unterbewusstsein führe und ich mir immer und überall im Klaren bin, was ich tue? Auch als Adultbaby.
Das was vorbei ist, ist nun wirklich vorbei und somit brauche ich wohl nie wieder Windeln im Sommer bei 36 Grad im Schatten tragen. Mal abgesehen von der bakteriellen Infektionsgefahr einer Blasenentzündung. Ich glaub, ich spinne. Ja, das tue ich echt, aber ich lerne aus meinen Fehlern und nutze meine Intelligenz, um von ganz unten, nach ganz oben zu gelangen.

Ich will und kann das! Ohne jeden Zweifel. Und die Psychologin packte mich an meinem Ego: "Was nützt einem so viel Intelligenz, wenn sie lieber leiden?" Damit hatte sie eindeutig recht. Welches Verhalten zu welchem Ergebnis führt.

Ich bin nicht einfach so mit meinen eigenen Waffen zu schlagen. Da gehören schon Mut und Würde dazu. Und ein wahrer

Charakter.

Bei Gefühlen nicht einfach so handeln. Erst denken und das mit Logik.

Mögliche Ideen von Buchtitelbenennungen und meine aller-, allerletzte Wahl:

1. Ich wurde in eine Allrounder-Familie geboren und liebe sie über alles.
2. Ich schreibe das dickste Buch der ganzen Welt und hoffe, es ist mir hiermit gelungen.
3. Unschuldsopfer tragen Windeln.
4. Erwachsene gehen in den Puff.
5. Echt witzig
6. Ich bin doch bloß diese eine von vielen, ohne viel Aufsehen erregen zu wollen.
7. Ich bin ein Mensch und du ja auch.
8. Hallo?
9. Liebesentzug Anonymia, liest du mich, dann bleib ich nicht länger unsichtbar.
10. Hilfe zur Stigmabewältigung psychischer Erkrankungen
11. Ich könnt noch ewig so weitermachen.
12. Liest du mich?
13. Nein und ja resultiert ohne Zwischenraum zu schwarz und weiß.
14. Orientierungslos
15. Hilfeschreie
16. Künstler leben im Chaos und verlegen und vergessen ständig ihre Sachen.
17. Bei Langeweile zähle das Wort zu, denn es ist wohl mit Garantie das häufigst benutzte Wörtchen, offenkundig nach Zuhälterei zu zu sein und zu schweigen.
18. Ich schreibe mir den Dreck von der Seele.
19. Ich wusste ja, dass ich klug bin, aber so klug, lässt selbst mich ins Staunen geraten.
20. Erfindung meiner eigenen Geheimsprache
21. Mein Spannungsregulationsskill-System

22. Eine von abertausenden Erklärungen, weshalb ich heute so bin, wie ich bin.
23. Aufhebung möglicher Verständnisprobleme
24. Abschiedsbrief einer liebenden Mutter
25. Chaos im Sortiment
26. Hit neuster Schlagzeilen wahrer Realität
27. Abgeschlossen – Der Schlüssel passt ins Schloss – Das Schlüsselschlossprinzip
28. Mathematische Gewissheit
29. Physikalische Berechenbarkeit
30. Wahre Zauberkünstler
31. Sportler nehmen immer die Treppe.
32. Erfroren, aber nicht gestorben.
33. In den Nächten brauche ich ein Licht und tagsüber erlischt es.
34. Zu spät? Nein, Ja. Wirklich? Hoffnung in der Verlorenheit
35. Mama, ich liebe und hasse dich.
36. Warum? Warum? Warum?
37. Ein Buch für Samantha
38. Dcr Namc Emcly trägt zur hcutigcn Rcvolutionsgcschichte bei.
39. Ich kann mich einfach nicht entscheiden.
40. Ich will einfach alles und jetzt und sofort, sonst spring ich vor den Zug.
41. Egoismus
42. Nichts für schwache Nerven
43. Knallhart
44. Männer und deren Sexualität
45. Frauen als masturbierende Wesen
46. Single und stolz darauf
47. Die Wahrheit über mich
48. Angepisst

49. Das Buch der endlosen Geschichte des nie Erwachsenwerdenkönnens
50. Entwicklung aller Altersklassen vorhanden
51. 7 ist meine Zahl
52. Spiritualität
53. Auto fahren über die A 28
54. Raketen fliegen nicht zum Mond, sondern stürzen unterwegs mit Bruchlandungen immer wieder ab.
55. Nass
56. Angst und deren Betäubungsmittelstrategien
57. Ich setze mich ein für den Freispruch aller Unschuldsopfer
58. Gerechte Strafen und Charma
59. Verklag mich doch.
60. Verlust und Kaufsüchte
61. Entstehungsbeginn aller Süchte von mir
62. Das war ich schon. Das bin ich jetzt. Und das will ich mal werden?
63. Ein Leben ohne Sinn im Sinn
64. Ein Buchwurm, der sich durch alles frisst.
65. Was wäre ein Leben ohne Essstörungen.
66. Sind etwa alle zu dumm, um meine Zeichensprache entziffern zu können oder bin ich der Fehler im System?
67. Erbrochenheit nach Trauma. Kotz dich aus, denn der Körper redet mehr mit dir, als es andere Menschen jemals vermögen zu tun.
68. Direkt eine Überleitung in Fleisch und Blut
69. Ich liebe Physik
70. Körpersprache, ohne Störfehler und Lautstärkeregulierer
71. Weitere Vorschläge?
72. Ich schreibe mein eigenes Stigma. Kerngesund

Nein und dessen wirklich wahrhaftige Bedeutung

Also wenn mich heute jemand fragen würde, warum ich heute so schlecht drauf bin, dann würde ich mir nicht erst die Mühe machen, um nach Erklärungen zu suchen. Nein. Stattdessen würde ich jetzt vermutlich sagen: "Nein, mir geht es wunderbar!" Vielleicht ist es mal wieder einer dieser Tage, an dem ich zu viel nein gesagt habe. Oder?
Schon mal darüber nachgedacht? Also ich schon. Bis zu dieser einen, von den Drei-Zwei-Stunden-Ich-Bekomme-Nicht-Genügend-Schlaf-Nächte. Da schlag ich mir die Dunkelheit lieber mit Gedanken ans Neinsagen um den Kopf, um am nächsten Morgen recht zerknüllt wieder aufzustehen. Echt super. Findet ihr nicht auch?

Wie bin ich überhaupt auf den Abgrund gelangt, um jetzt darüber meine Worte zu verlieren? Wen es wirklich interessiert, der wird jetzt bestimmt, keine Zeit mehr haben, um weiterzulesen oder sich keinen Millizentimeter jemals mehr vom Fleck bewegen. Da es meine Worte echt in sich haben. Also gut festhalten.

So, mal scharf nachdenken. Vermutlich fing das ganze Spektakel schon sehr früh an. Ich müsste so 6 Jahre alt gewesen sein. Zu der Zeit haben sich meine Eltern getrennt und ich bin mit meiner Mutter mitgezogen. Wir zogen in den nächstgelegenen Ort. Von ländlicher, verlassener Umgebung, ab ins Getümmel eines kleinen Ortes. Dort verbrachte ich bis zu meinem elften Lebensjahr den Rest meiner gestohlenen Kindheit. Nicht so tolle Aussichten? Ich hätte es mir echt nicht besser erträumen lassen können. Aber zuerst schimmerte noch ein wenig Hoffnung am Horizont und ich spielte und lachte, wie jedes andere Kind auch. Meine Mama war da. Und wir hatten immer mit sehr vielen schrägen Bekanntschaften gleichgesinnter Harmoniesympathie zu tun. Ob es sich wirklich so harmonisch in eine bezaubernde Melodie einstimmen lässt, das zeigte sich bei meinem ersten wirklichen Scheitern im Neinsagen. Ich war ein echtes Opfer. Schutzlos und ausgeliefert. Um die ganze Sache jetzt nicht noch komplizierter zu machen, als sie ohnehin schon ist, komme ich doch gleich mal auf den Punkt:

Meine Mama ist an Krebs erkrankt. Mit ungefähr 6/7 Jahren wurde ich eingeschult. Ich war wohl noch etwas zu jung, um in der Schule schon darüber so viel lernen zu können, dass ich hätte mir auftauchende Fragen selbst beantworten können. Schade. Oder nicht? Nein, wohl eher der Zustand einer sehr wahrhaftig realitätsnahen Kindheit. Was kein Einzelfall ist. Kinder sind Kinder. Erwachsene sind eben Erwachsene. Darin fängt schon die erste Kommunikationsschwäche an. Durch die sozial bedingten Umstände verlief die Gleichung sehr stetig linear in den fälligen Minusbereich. Gerade nach unten. Von den ersten Symptomen, wie der Krebs meiner Mutter ihr Hirn zerfraß, erinnere ich mich an eins. Ich kam von der Schule eines Tages heim und meine Mum saß wohl recht bequem auf unserer Wohnzimmercouch. Sie hielt einen Staubsauger in der Hand und saugte sich die eh schon ausfallenden Haare vom Kopf. Danach hatte sie einen echten Kahlkopf. Eine von Schweiß triefende, glänzende Glatze. Daran gewöhnte ich mich sehr schnell, aber was ich wohl nie vergessen werde, das war der Schock, den mein kleiner Bruder abbekam, als er seine Mama anblickte. Zu verständlichen Randinformationen. Mein kleiner Bruder war 5 Jahre alt gewesen. In der Verantwortungspflicht standen unsere Eltern. Mit 5 Jahren kam er in eine Pflegefamilie. Er konnte nicht bei unserem Vater aufwachsen und für Mama wäre es mit der Erkrankung eine eindeutige Überforderung gewesen.

Hätten sich die beiden wohl früher mal überlegen sollen, wann der beste Zeitpunkt für Kinder ist. Zu spät. Jetzt waren da gleich 2. Mama behielt mich weiterhin zu Hause. Papa lebte irgendwo im Nirgendwo und ich sah ihn gelegentlich mal an den Wochenenden und mein Bruder hatte wohl erst mal einiges damit zu tun, um das Unverkraftbare so gut wie möglich zu verkraften.

Es riss alles auseinander. Ein Riss in einem Blatt Papier, das zerteilt sich. Es kann eins bleiben, mit vielen Rissen oder es teilt sich in viele Stücke auf. Damit kenn ich mich wohl besser aus und finde im Chaos gerne meine Ruhe. Noch flogen in den Nächten hin und wieder Sternschnuppen am Himmelszelt vorbei. In der verträumten Hoffnung, dass Wünsche doch wahr werden könnten.
Wer hat den Umlaut der Betonung herausgelesen? Also ich schreib schnell weiter. Könnten Wünsche wahr werden und Albträume, Ängste im Traum bleiben, dann würde ich jetzt bestimmt beruhigt in meinem Bett liegen können und wie ein Murmeltier schlummernd schlafen.
Nur, so geht das nicht. Es ist alles anders. Anders verlaufen. Schlimmer, schöner und enger, weiter geworden. Klingt sehr extrem ohne Zwischenräume. Aber auch wenn alles noch so nackt aus dem Ei springt, gibt es auch die Momente ohne alles mit einfach allem, was das Leben so lebenswert macht.
Ich stelle mir zwischen schwarz und weiß immer diese Malertabelle vor. Wenn man sein Schlafzimmer neu streichen will und mehr als nur zwei Farben an der Wand haben will. Eine Farbtabelle mit Auswahlkriterien. Und sogar mit der Option, Farben durcheinander zu mixen. Das macht es meist so individuell, bei noch so viel Eintönigkeit.
Also in jedem individuellen Menschen geht kein Individuum ohne auch einen Klecks Ähnlichkeit davon. Das ist unmöglich.

Da alle Lebewesen, je nach Gruppierung, Rasse etc. doch so vieles miteinander gemeinsam haben. Man muss das wahre Gesicht eines Menschen erst richtig kennenlernen, ansonsten bleibt man im Unwissen und es entstehen Gerüchte und Vorurteile und Missverständnisse. Und wen es ganz schlimm trifft, der geht am besten gleich in den Downzustand von gravierendem Liebesentzug.

Das bringt mich doch wieder in die Materie hinein. Ich war 8 Jahre alt und meine Mama war derzeit in ärztlicher Behandlung. Dazu gehörten die anstehenden Termine im Krankenhaus. Einmal durfte ich als große Tochter mitgehen. Es war an einem Vormittag und ich hatte schulfrei. Mama rief ein Taxiunternehmen an und wir fuhren gemütlich zu der Chemotherapie. Also ich muss ehrlich zugeben. Ich hab bis heute die ganzen Sachen alle nicht kapiert. So stellte ich schon damals etwas sehr Naives, Unbefangenes in dem Raum. Wir waren in Bremen. Dort waren die meisten Untersuchungen. Es war schon sehr spannend. Also wir warteten vorschriftsgemäß in einem dieser sterilen Wartezimmer und ich schaute achtsam alle Leute um mich herum an. Vielleicht hatten diese ja mehr Ahnung von dem, was alles passiert. Es wurden Patienten aufgerufen. Kamen und gingen wieder. Rein und raus und immer wieder. Doch mich machte plötzlich etwas sehr stutzig und zog mich mit voller Wucht in diese Frage hinein, als ein schwarzer Mann aus dem Raum kam, wo meine Mama als Nächstes hineingehen würde.
Ich verstand die Welt nicht mehr. Voller Besorgnis fragte ich: "Mama, kommst du da auch so schwarz wieder raus, wenn die Strahlen der Chemo das Krebsgeschwür in deinem Kopf wegmachen?" Alle fingen an zu lachen. Und gaben sich echte Mühe, sich nicht weiter ins Gelächter hineinzustürzen. Sie schaute mich an und sagte einfach nur: "Nein." Das war alles. Ohne

Erklärung. Ohne alles. Ich wartete auf sie im Wartezimmer, mit fremden Menschen, die mich alle still umgaben. Ich saß da und träumte. Das tat ich so überwiegend eh schon fast mein gesamtes Leben lang. Träumen. Ja das klappt.

Ein neues Kapitel, getrennt und danach umso verschmolzener. Was meine Kindheit wohl zu einer der gestohlensten macht, waren die Bedingungen, mich immer wieder auf die Probe zu stellen. Mir wurde eine wohl sehr formale sachliche Daseinsberechtigung genehmigt, aber nicht das Gefühl, ein echter Mensch zu sein. Ich war wohl eines dieser verlorenen Unikate auf dieser Welt, was erst alles an Dreck mitnimmt, um ihn später als Waffe der Menschheit zurückzuschleudern. So ist es. Und nicht anders.

Was beklage ich mich eigentlich. Ich ging zur Schule, spielte viel und gerne mit meinen Barbiepuppen und war sehr viel alleine. Also wohl kein Grund zur Aufregung. Aber auf Dauer nervte es mich echt, wenn sich alles immer nur um Mama und ihre Krankheit drehte. Sie hatte gar keinen Blick auf mein Dasein. Na ja, wenn sie mich nicht will, dann kann ich ja wohl auch nicht so viel machen. Eines dieser schmerzhaften Erfahrungen war, als ich das erste Mal getrennt wurde. Weg aus meinem vertrauten Chaos. Für eine sehr lange Ewigkeit, die alles anders machte. Ich kam für 4 Wochen in eine Pflegefamilie. Ich müsste schon fast 9 Jahre alt gewesen sein. Wie schlimm es letzten Endes war, das merkte ich erst danach. Alles fing an, dass meine Mama eine Kur beantragt hatte und es losgehen konnte, um sich gesund zu erholen. Also Hoffnung auf Besserung hatte ich wohl noch ausreichend, um alles verkraften zu können, was mit mir geschah.

Der Einzug in die neue fremde Familie. Es sind wirklich nette

Menschen. Da hatte ich noch nie meine Zweifel gehegt. Was mich aber viel mehr bekümmerte, war das Festgehaltenwerden. Ich konnte nicht flüchten. Aussitzen und warten. Warten bis Mama zurück ist.

Das neue Zuhause war eine Straßenlänge von meinem eigentlichen Zuhause entfernt. Und dort war im Übrigen, was ich bisher noch gar nicht erwähnt habe, eine kleine Wohnung über unserer. Dort wohnten damals meine 8 Jahre ältere große Schwester und deren Freund zusammen.

Meine große Schwester leistete sehr viel an Beistand und war als liebe Freundin immer für mich da. Sie gab mir einen Halt, als ich weg musste und es für 4 Wochen im Sommer bei 36 Grad keine Chance mehr gab, zurückzukommen.

Ich bekam ein Zimmer im Dachgeschoss zugeteilt. Zu einer amüsanten Bestandsaufnahme meiner gepackten Koffer befand sich ein riesiger schwarzer nur mit Barbiepuppen bei mir. Ein anderer kleiner, mit ein paar Kleidungsstücken. Ich war ja schon groß und konnte selber meine Taschen packen. Also keinesfalls die wichtigsten Spielsachen vergessen.

Doch so schön ich mich auch darauf vorbereitete, kam es recht zeitnah zu sehr vielen Irritationen. Ich log nicht, aber anscheinend glaubte mir keiner, weil ich immer genau das Gegenteil unter Beweis stellte. Neu und herzlich aufgenommen, sagte ich, dass ich morgens immer schon ganz früh um halb sieben aufstehen würde und sehr viel alleine könne und fleißig sei. Wie sich herausstellte, schlief ich nur noch. Jeden Tag bis zum frühen Nachmittag. Mir gefiel aber, dass es ein sehr angenehmes Familienklima gab. Ein Vater, ein Sohn und eine Mutter wohnten zu dritt in dem Haus an der Straße. Und das Allerbeste an dem Zimmer im Dachgeschoss war das eingebaute Fens ter, von dem ich zu meinem eigenen Zuhause rüberschauen konnte. Abends und morgens verabredete ich mich immer mit meiner Schwester und wir riefen uns tolle Wörter über die Dä-

cher zu. Das war so lustig und für einen kleinen Moment verflog die Traurigkeit.
Ansonsten bestand der Alltag aus Cornflakes frühstücken, deren Geschmack ich bis heute noch in meinem Mund schmecke. Mit dem Sohn aus der Familie spielen und das Leben woanders fremdgesteuert mitzuerleben. Was seine Vorteile wie auch echte Nachteile hat. Es wäre ja schließlich unverschämt, nein zu sagen. Das gehört sich ja nicht. So wie traurig sein und anders sein. Ich fügte mich ein, so gut ich konnte und nahm mit, was mir geboten wurde. Doch ich vergaß durch die äußeren Umstände mich selber. Das Kind, das so unendlich traurig und verlassen schrie und weinte. Untröstlich, weil ich nicht einmal in Ruhe Zeit dazu fand, meinen Koffer mit meinen Barbiepuppen auszupacken, um in Ruhe spielen zu können.
Also jetzt mal ehrlich, wen würden diese Funkstörungen denn nicht auch so hindern, sich frei zu entfalten, wenn einfach keine Rücksicht auf den Entwicklungsstand eines neunjährigen Kindes genommen wird? Was vielleicht Besseres zu tun hat, als nur mit sich selbst beschäftigt zu sein und wie eine Marionette von außen gehalten zu werden.

Ist schon mal jemandem aufgefallen, dass ich ein freier, ungebundener Mensch bin. Ich habe wohl meinen ganz eigenen Willen. Den lasse ich andere nur spüren, wenn ich mich sicher fühle, ansonsten bleibe ich an diesen Fäden einer leblosen Marionette hängen und tanze den Tanz der anderen. Rede Leuten vor den Mund und habe Angst. Angst und Scham, nein zu sagen. Mich zu zeigen, wie ich wirklich bin. Ein fehlbares Objekt im Körper eines Menschen. Der lebt. Und das geht. Zwar bin ich zeitweise auch noch viel am Sterben, aber ein wenig Leben ist schon fest in meinen Händen und ich spiele gerne Seilziehen. Mal gewinnt die eine Seite aus meinen bisher erlebten Erfahrungen und mal gewinne sogar ich selber. Das sind die tollsten Momente, die ich sehr zu schätzen weiß.

Nun bin ich weit weg. Die 4 Wochen nähern sich dem Ende und ich konnte mich gar nicht auf das Wiedersehen auf meine Mutter freuen. Sie nahm mich trotzdem wieder an und begrüßte mich mit den Worten: "Ich gehe nie wieder ohne Dich weg!" Pädagogisch ein absoluter Fehlschlag, gleich ab ins Genick. Ich glaubte meiner Mama, was sie mir sagte. Ich liebte sie sehr und ihre Nähe und ihr Dasein als Mama. Die Gebundenheit. Und ein Halt an meiner Seite. Ohne Mama geht einfach nichts.

Ein neues Kapitel. Zwei Jahre. Diese zwei Jahre

Nachdem meine Mama und ich unsere Unterkunft zum keine Ahnung wievielten Mal verließen, zogen wir bis dato in eine zugewachsene Straße. Ein schönes Haus. Und meine Freunde, mit denen ich die Schule besuchte und in dieselbe Grundschulklasse ging, wohnten nur ein paar Meter weiter weg. So hatten wir alle die Möglichkeit, uns jederzeit zu verabreden. Das immer sehr viel Spaß machte. Auch wenn die Umstände, von emotionaler Versorgung, Bildung, Behütung und körperlicher Hygiene mehr als unzureichend von meiner Mama befriedigt werden konnten, war ich über alledem ein glückliches und sehr verspieltes Kind.

Ich liebte meine Mama und wollte sie als Kind keinesfalls enttäuschen und übernahm mehr Rechte als Pflichten. Aus einem mir unerklärlichen Grund konnte ich mit 10 Jahren immer noch keinen einzigen zusammenhängenden Satz formulieren und demnach aussprechen. Still sein und den Mund halten, das konnte ich zudem jedoch so wunderbar, wie nichts anderes auf der Welt.

Das lernte ich schon so ungefähr mit 4 Jahren, wo ich einmal mit meinem kleinen Bruder und meinem Vater in der Küche, unseres ersten gemeinsamen Zuhauses wohnten und wir immer dieses eine Spiel spielten. Ich machte echt viel nach, was mein Vater vormachte. Wenn ich etwas von meinem Vater gelernt habe, dann das. Vor Wut hätte ich toben, schreien und explodieren können und bin doch jedes erdenkliche Mal nicht in der Lage gewesen, einen nur noch so kleinen Laut aus mir herauszubekommen. Es sei denn, es tat so extrem weh, dass ein Automatismus zur körperlichen Schmerzreduzierung eintrat, der mich meine Grenzen ausschreien ließ.

Das Spiel geht im Übrigen so, Daumen und Zeigefinger zusammen über die geschlossenen Lippen ziehen und einmal über den Mund entlangfahren. Dann mit schweigendem Gesicht abschließen und den Schlüssel wegwerfen und den Vorgang nach jedem Mal lautem Weiterreden wiederholen. Also das Spiel hat mir einst sehr viel bewahrt, aber mir mittlerweile auch echt viele Ängste beschert. Als junge, zielstrebige, erwachsene Frau habe ich ein Anrecht auf meine Stimme, mein bewilligtes Dasein in Form sexueller Begierde und Sinnlichkeit sowie meinen ganz eigenen freien Willen, Entscheidungen für mich und mein Leben zu treffen. Somit kann ich heute eine Entscheidung fällen, nein zu schädlichen Unterdrückungsformen sagen und dahinter mit der Bewusstheit stehen, ein Recht auf mein Leben zu haben und mich eigenwillig weiterzuentwickeln, sodass es mir gut geht und meine Gefühle alle eine Richtigkeit haben und allesamt herzlich willkommen sind.

Ich erinnere mich, dass ich an einem Nachmittag zu Hause in meinem Zimmer saß und alle Spielsachen in den dazugehörigen Ecken platziert waren und ich einen Zufluchtsort an meiner Zimmerheizung suchte und nur noch so vor mich hinstarrte und über etwas nachdachte. Ich dachte daran, wie es wohl wäre, ein Teddybär zu sein. Ohne geschlechtsdefinierende Organe am Körper. Ohne die Funktion, einen biologischen körpereigenen Ausscheidungsprozess einfach so vorhanden zu haben. Ich versank in meiner einsamen Scham meines Körpers und verkroch mich und ignorierte meinen Körper anscheinend unbewusst schon sehr stetig. Die Scham hielt mich über Jahre hinweg so klein. So eine Scham lieber nicht da sein zu wollen und zurückgeborgen, als Baby durch die Welt getragen zu werden. Na klar, träum weiter. So ist es aber nicht. Wünsche und Realität haben oft nicht so viel gemeinsam. Aber eines habe ich wohl dort schon knallhart lernen müssen. Entweder gibt es Hoffnung für die Wünsche im Leben oder sie zerplatzen in jeder einzelnen Millisekunde deines Lebens und streiten sich permanent

mit der Realität. Was bei psychischen Erkrankungen oft als nicht verstandene Ursache gesucht wird, sondern man stattdessen einen Stempel abbekommt, FALSCH, ANDERS, ABGELEHNT.
Ist ja auch leichter, ein formales Dasein auf einem Blatt Papier zu führen, als ein Bedürfnis von Liebe erfüllt zu bekommen. Wer hat sich das denn ausgedacht, dass ein Mensch auf Nähe und Zuneigung angewiesen ist? Also davon habe ich zum Glück verankerte Wurzeln aufgrund meiner Existenzentstehung, aber eine erfüllte Befriedigung dessen erfolgt nur mit der Bereitschaft, sich zu entscheiden und seinem Grundgefühl zu vertrauen. Das Gefühl nennt sich Intuition. Wie bei kleinen Kindern. Denken ist halb so wichtig, wenn mit Herz in der Hand auf eigenem Fuße gehandelt wird. Die Auswirkungen des eigenen Verhaltens sind Kindern wie auch vielen Erwachsenen meist nicht so bewusst. Verdrängungsprozesse funktionieren wunderbar, vor allem, wenn ich selber gerade, eine Klinge an meinem Arm entlang führe, das Blut sehe und merke, ich war das nicht. Ich bin gar nicht da, sonst würde mich doch wenigsten ein einziger Mensch in der Welt davon abhalten können, es sein zu lassen. Aber nein. Das stimmt so nicht. Es ist mein ganz eigener Körper. Mein Recht auf Grenzen und Wahrung meiner Persönlichkeit. Bei jedem Akt der Selbstverletzung tauchte ich ab und gab den Tätern die Kontrolle über das Geschehene.
Als Kind mit 10 Jahren, war ich lebendig, wenn ich in meiner eigenen Welt lebte und spielte und mich aber wie eine sehr reife, erwachsene Person verhielt. Vielleicht bin ich deshalb heute so ein schräger Mensch?
Die Umstände waren nicht ohne jegliche Bemühungen zu ändern. Meine Mutter tat alles, was sie konnte, aber viel ist auch nicht dabei rumgekommen. So blieb ich bei ihr und schmiegte mich den ungewöhnlichen Zuständen an und versuchte, meiner

Mama zu jeder Tages- und Nachtzeit so gerecht wie möglich zu werden. Das Prinzip und in den verwickelten Mustern, in denen sich unsere Beziehung zueinander gestaltete, war wohl sehr prägend. Ich übernahm die Rolle eines komplett erwachsenen Menschen und kümmerte mich um meine Mama. Ich stand morgens um halb sieben auf, bereitete das Frühstück vor und fuhr mit dem Rad zur Schule. Mama schlief meist bis 9 Uhr und hatte selbst viele Symptome von dem kleinen giftigen Krebsgeschwür in ihrem Kopf. Wahnsinn, was so kleine Zellveränderungen für riesige Auswirkungen auf menschlicher Ebene bewirken können.
Es ist zu schlimm, um wahr zu sein. Aber wie viele Menschen sterben täglich an Krebs und wie hoch steht in dem Verhältnis die Suizidrate bei Menschen mit psychischen Erkrankungen. Pauschal wäre Nr. 2 sogar noch gravierend höher einzustufen als 1. Da gibt es einen Fortschritt in der Medizin. Ärzte, Forschung und Versuchsobjekte. Wo kleine hilflose Tiere der Medizin zum Opfer fallen. Schon sehr praktisch und herzlos zugleich. Nichts kann aber ein totes Herz wieder zum Schlagen bringen.
Es sei denn, der Mensch, der diese Zeilen schreibt, ist zufälli gerweise noch selber am Leben. Oh, hab ich zu viel verraten? Ich hoffe nicht. Ja, genau das hab ich aus dem Verlust gewonnen. Mein Herz und mein Leben.
Als Frau sollte man seinen eigenen Mann stehen können.

Weiter zu dem Alltäglichen. Wie gesagt, ich war 10 Jahre alt und hatte so alles, was ein Kind zum Leben braucht, immer und überall parat. Meine Fantasie, meine Unschuld, meine Verantwortung, für Dinge geradezustehen und meine absolut charakteristische Scham. Und ein paar Pfunde zu viel an den Hüften. Also wirklich schwer an den gesamten Umständen, war rein optisch wohl einfach nur mein eigenes Körpergewicht von 80 kg bei einer Größe von 1,4 Metern. Mittlerweile gehört es der Vergangenheit an und ich kann logische Schlüsse daraus ziehen, warum depressive Menschen bei zu viel Traurigkeit langsam müde und fett werden. Nicht vergessen. Das Gegenstück ergänzt sich meist passend. Der Zustand meiner Mum verschlechterte sich ja auch von Sekunde zu Sekunde.

Es gab solche und andere Tage. Schöne, verspielte, verlachte Tage und auch die schrecklichsten, die mich sehr gekränkt haben.
Aber das Schlimmste war wohl der Krebs meiner Mutter und ihre absolute Unfähigkeit, für mich und vor allem für sich selber so gut es geht zu sorgen.
Ich berichte jetzt mal brandneue Schlagzeilen, wie es heute, auch in diesem Augenblick, ein unschuldiges anderes Kind wohl ertragen muss.
Es gab so Momente. Diese taten schrecklich weh. Wenn ich gerade mal wieder was fragen wollte oder es um mein gespartes Geld ging, was meine Mum in meiner Abwesenheit einfach aus meiner Spardose entnahm. An einem solcher Tage rannte ich wutentbrannt ohne Schuhe nach draußen und wurde vorher geschlagen. Dafür dass ich das Verhalten meiner Mama nicht gerecht und unverschämt fand. Sie schlug mich. Und das nicht gerade selten.
Ihre Handabdrücke an meiner rechten Wangenseite waren so schmerzhaft. Es brannte wie Feuer und das absurdeste, was eine Mama danach zur Verstörtheit ihres eigenen Kindes beitragen kann, ist sie danach tröstend wieder in den Arm zu nehmen und ohne jegliches Mitgefühl, tut mir leid zu sagen.
So war ich zu einem Gelegenheitsschuldopfer geworden, was die Wut nicht akzeptieren und frei zur Berechtigung austragen konnte, und sich ohne Mühe der eigenen Mutter wohl kaum widersetzte.

Noch heute blüht mein Gesicht feuerrot auf, wenn ich einfach nur da bin und mich unsichtbar bemerkbar mache, wie ein lebendes Gespenst, das immer alle Leute auf diesem Planeten erschreckt. Was durchaus auch Spaß machen kann. Aber nicht mehr, wenn ich mehr als 2 Sekunden meine Gehirnzellen dafür anstrenge und über die Konsequenzen meines Verhaltens nachdenke. Jemanden zu erschrecken, hat seinen Sinn und Zweck, aber nicht ohne Grund und aus Spaß. Das macht man nicht. Aber ich schon!
Ich weiß gar nicht, ob es dafür eine Regel gibt, jemanden nicht erschrecken zu dürfen?
Wenn doch, dann mach ich mir gleich vor Angst in die Hose. Vielleicht bin ich deswegen zum erwachsenen Windelfetisch hinvegetiert.

Ich wechsel mal bewusst ein neues Übersprungsthema, was auf jeden Fall spannend zu lesen ist. Warum tragen erwachsene Leute Windeln? Klar, bei kleinen Kindern ist die Schließmuskulatur noch nicht vollständig ausgereift, um die Kontrolle über den Druck der Ausscheidungsprozesse zu kontrollieren. Und bei älteren Menschen ist es auch ein wohl sehr akzeptiertes Gesprächsthema. Die Blase redet auch mit dem Körper und was raus muss, muss raus.
Aber was würde die Gesellschaft zu einer jungen, erwachsenen Frau sagen, die wunderschön, klein, charakterstark, klug und talentiert ist und sich dann völlig beschämt in Windeln zeigt? Mir ist es nicht ganz egal, was andere Menschen darüber denken, aber die Scham hat eine Berechtigung. Ein kleines Superhirn, das wohl mehr versucht, immer und überall die Kontrolle zu wahren, wo es nur geht, um niemals mehr so viel Traurigkeit spüren zu müssen, wie es einst das Schicksal war. Zum Glück ist es vorbei. Aber meine Gefühle lösen echt viel Spannungen aus. Körperlich schmerzt mein Herz und mein Bauch

tut weh. Ein Stechen in der Brust. Und keine Ahnung, was das soll. Was bitte soll das? Was ist das? Also ich vermeide gerne solche menschlichen Gesprächsaspekte, zu sagen, dass ich vielleicht mal auf die Toilette muss oder einfach mal traurig bin und jahrelang nur noch weinen will.
Der Überdruck kann dem Unterdruck manchmal nicht standhalten und dann kann es vorkommen, sich in den schlimmsten Momenten so zu schämen, pinkeln oder kacken zu müssen, dass eine Windel doch ein supergeniales Unterstützungshilfsmittel ist, um unterwegs keine nasse Hose tragen zu müssen. Wechselkleidung täte es vermutlich auch, aber ein Stück Sicherheit können einem sogar Windeln zurückgeben. Es bleibt sogar genügend Zeit, um eine Toilette zu finden. Und das nötige Selbstbewusstsein, als junge erwachsene Frau sagen zu können, wenn man auf die Toilette muss. Es kommt wohl mit dem täglichen Training, solche Mitteilungen nicht immer leugnen zu müssen. Ich darf da sein. Ich darf leben. Und ich werde die Windeln früher oder später guten Gewissens ablegen können, wenn ich sie nicht mehr brauche und groß genug bin, um selbstbewusst zu meinem Körper und deren Funktionen stehen zu können.
Einfach gesagt: "Ich stehe darauf, mit 23 Jahren gelegentlich wieder Windeln zu tragen!" Gott sei Dank, dass es kein Dauerzustand bleiben muss und ich mit einer Klarheit lieber ohne herumlaufe und nicht mein Taschengeld wahllos dafür ausgebe.
Aber wenn ich diese Sache verschweige, dann bräuchte ich gar nicht erst ein Buch schreiben. Das eine zeichnet meine Person genauso ab, wie die andere Seite. Es kann nicht alles immer nur gut sein, aber wiederum auch nicht immer alles schlecht bleiben.

Mit 11 Jahren brauchte mir keiner mehr etwas erzählen, was

ich nicht ohnehin schon gewusst hätte. Die Zeit, so früh schon so verantwortungsbewusst und weise zu sein, hat mich frühreif werden lassen. Mittlerweile artet es ab und zu in Spott und Verachtung aus, aber nie länger als 5 Minuten. Denn ich habe so etwas gar nicht nötig, auch wenn der emotionale Liebesentzug echt schmerzhaft ist.
An einem Nachmittag saß ich mit Mama in ihrem Schlafzimmer auf dem Fußboden und sie zeigte mir die Folien von den Röntgenuntersuchungen in ihrem Kopf. Sie zeigte mir, wo genau der Tumor saß und ihr Leben so doll zerstörte. Bis dato waren Krankenhausbesuche keine Seltenheit für mich und meine Mama hatte eine riesen Narbe entlang ihres Hinterkopfes. Senkrecht und lang. Einmalig und doch erinnert mich die Narbe wohl an meine Arme. Bei mir zeichnen sich wohl eindeutig mehr Schnittwunden ab, als wie ein Krebsgeschwür es an einem einzigen Kopf an den Nervenzellen verrichtet. Das stimmt mich echt wütend. Es waren keine Bilder für Kinderaugen bestimmt. Ich habe zu viel gesehen. Zu viel.
Ich wusste, dass Mama sterben würde. Ich wusste nur nie wann. So plagten mich Todesängste. Jeden Tag aufs Neue und das ungefähr ein halbes Jahr, vor ihrem endgültigen Verlassen dieser Erde.
Wenn ich ein paar Sekunden Ruhe fand und mir mal meine Gedanken machte, drehte ich die melancholische Glasspieluhr auf und träumte zwei Minuten mit der Traurigkeit, mich auf den Tod vorzubereiten. Ein Trauerzug mit wohl mehr Trauer als Freude begann. Mama war da. Und ich war bei ihr. Der Rest der Familie spielt auch eine Rolle, aber ich war die meiste Zeit mitten im Geschehen und bin deshalb Tatenzeuge, wie es wirklich war. Und dass Krebs haben keine Entschuldigung darstellt, um Kinder zu schlagen. Niemals.

Sehr pragmatisch intuitiv gleitete ich durch die Tage, Wochen,

Monate. Ich ging noch zur Schule, aber nicht mehr wie damals am Nachmittag in den Kinderhort. Eine Betreuerin kam uns einmal besuchen und gab mir die Berechtigung, frei zu haben und die Station zu kündigen, um die restliche Zeit mit meiner Mama verbringen zu dürfen. Ist ja nett, dass es andere erst genehmigen müssen, anstatt mir zu helfen und mich alleine mit unvollendeten Tatsachen stehen zu lassen. Ein Grund, um wütend auf eine Gesellschaft wie diese sein zu können. Da werden die Tasten der Tastatur ja schon ganz niedergedrückt. Ja, genau so und vielleicht etwas emotionaler fühlt es sich wirklich an, hilflos einer Person beim Sterben zuzusehen und eine so große Verantwortung für Dinge zugeschoben bekommen zu haben, dass ein Zerbrechen dessen unmöglich überlebbar gewesen wäre. So wurde ich im Regen stehen gelassen. Am Tag war ich ein Kind. Ich baute einmal ein Zelt in unserem Wohnzimmer auf, weil ich keine Lust hatte, draußen zu zelten und es im Haus und bequem war. Dort im Zelt las ich Bibi-Blocksberg-Zeitschriften. Malte, bastelte und war ein Kind. Zum Abend, mit Eintritt der Dunkelheit jedoch, wurde schlagartig alles anders. Ich war wach, brachte meine Mama zu Bett und machte es mir vor dem Fernseher auf unserer Couch gemütlich und schaute fern. Meistens Horrorfilme oder Actionfilme oder was es sonst alles so für die erwachsenen Leute auf der Welt zu schauen gab. Angst hatte ich schon. Manchmal so schlimm, dass ich mich nicht mal mehr traute, vom Wohnzimmer im Dunkeln, in mein Zimmer zu meinem Bett zu laufen. Also trainierte ich meine Überzeugungskünste, ganz schnell in mein Zimmer flitzen zu können, ohne dass die gruseligen Schatten mir was hätten antun können.
Geschafft. Puh. Meine Prioritäten verschoben sich wohl deutlich nach Wichtigkeit. Also war es wichtiger, am Leben zu bleiben und nicht von gruseligen Schatten verfolgt zu werden und stattdessen es nie geschafft zu haben, mir meine Zähne zu

putzen. Das war zu viel verlangt. Ich gab mir echt viel Mühe, es mir mit bunten Eintragslisten selber beizubringen. Aber ich stumpfte mit der Krankheit meiner Mutter wohl genauso ab, wie sie selbst, ohne dass wir beide großartig etwas davon mitbekamen. Überleben ist wichtiger als zu leben? Also dem kann ich jetzt absolut nicht mehr so zustimmen. Das was ich kann, das kann ich. Aber ein Leben im Leben zu leben, das ist es wohl mir selber wert und ich bin es mir wohl schuldig, dass das Leid zu Ende ist und ich frei bin. Ich bin jetzt nämlich wirklich erwachsen. Ohne jeden Zweifel daran. Na gut, übertreiben tue ich gelegentlich auch noch mal gerne. Ich gestatte mir die Zeit, um nachzureifen, die ich für mich selber brauche. Ich bin es mir wert, auf mich aufzupassen und nein zu sagen.

Erfindung meiner eigenen Geheimsprache, um einen Kontakt mit mir selber aufzubauen oder herzustellen, damit ich auf einer Kommunikationsebene, auf meine Signale hören kann und genau weiß: Das bin ich! Ich bin da!

Anleitung zum "Achtsamkeits"-"Körperempfindungs"-"Schiffe versenken-Spiel":

Explizit auf den biologischen Körpersinn "FÜHLEN / SPÜREN / WAHRNEHMEN" ausgerichtet!
Benötigte Materialien: nach Bedarf verschiedene Igelbälle und individuell abgestimmte Skills für den Sinn des Fühlens.

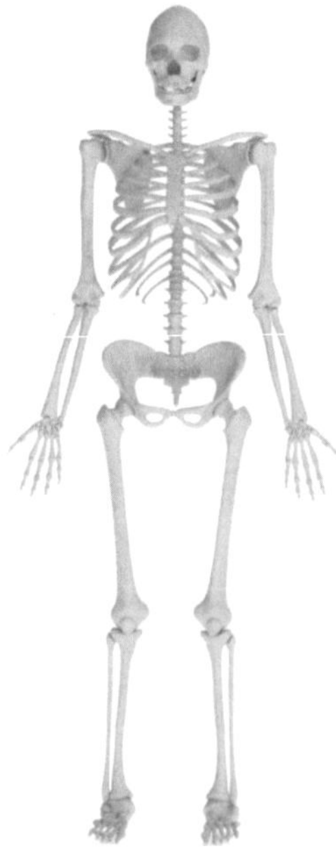

<u>Gehirnhälfte links</u>	mein eigener Wissenschaftsforscher und Erfinder sein
<u>Ohrläppchen rechts</u>	auf die innere Balance achten
<u>Ohrläppchen links</u>	einen Schritt in Richtung Veränderung wagen
<u>Schulter rechts</u>	Verantwortung übernehmen
<u>Schulter links</u>	mich von anderen Menschen gerne unterstützen lassen
<u>Oberarm rechts</u>	Stromkreislauf ankurbeln
<u>Oberarm links</u>	Akku aufladen
<u>Unterarm rechts</u>	für andere da sein
<u>Unterarm links</u>	Grenzen setzen, Überforderung abwehren
<u>Hand rechts</u>	Bedürfnispyramide
<u>Brust rechts</u>	eine eigene Familie gründen
<u>Brust links</u>	mich mit allem, was ich brauche, versorgen zu können
<u>Hals</u>	Tee trinken, warm anziehen

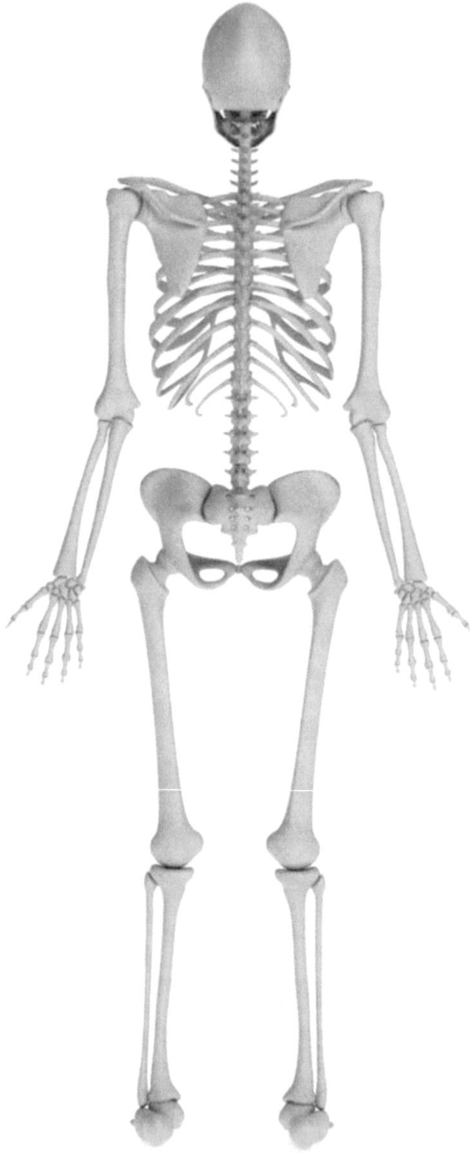

Hand rechts = Bedürfnispyramide

Verlauf von der Elle zum kleinen Finger rechts; Starten – Weg:

10%	Selbstfürsorge & auf physiologische Grundbedürfnisse achten
20%	Sicherheit und Schutz; mich einlassen und Dinge aus der Vergangenheit loslassen
30%	Soziale Ebene; Freundschaften pflegen
40%	Ich bin wichtig! Für eine altersangemessene Entwicklung sorgen und erwachsen bleiben
50%	Selbstwert und Ziele steigern und Erfolge anerkennen

Hand links = Spannung über die 5 Sinne zuordnen

Verlauf zum Daumen über die Speiche; weitermachen:

60%	sehen und konzentrieren
70%	riechen
80%	schmecken
90%	hören und bewegen
100%	fühlen und bewegen

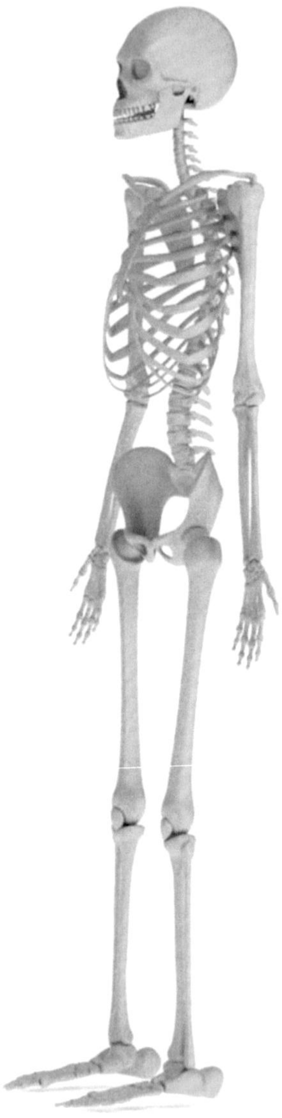

Verlauf von der Elle zum kleinen Finger links*; Stop – Ergebnis:*

Popo	keine Angst haben, Selbstbewusstsein
Oberschenkelinnenseite rechts	Achtsame Sinnlichkeit
Vagina	Sex
Oberschenkelinnenseite links	nein sagen
Oberschenkel rechts	Kraft und Spannung, Durchhaltevermögen trainieren
Oberschenkel links	Spannung halten und loslassen
Knie rechts	trainieren, in Bewegung bleiben, Prozesse und Veränderungen betrachten, Kondition
Knie links	Selbstwertgefühl im Kampf der Selbstverteidigung gegen negative und schädliche Eindrücke, Ehrlichkeit
Unterschenkel rechts	das Leben leicht nehmen
Unterschenkel links	Zusammenhänge erfassen, klug und bedacht und weise sein
Fuß rechts	Spaß haben, das Leben genießen
Fuß links	projizieren, von den Fingern auf die Zehen
Bauch	Liebe und Wärme
Rücken	Schutzpanzer mit dem Glauben an mich selbst

Geschenke für mich:

- ✓ ein Schutzhelm für meinen Kopf
- ✓ ein Schwert für Stärke, Mut und zur Selbstverteidigung

Gebrauchsanweisung von: "Mein Spannungsregulations-Skill-System"

Es ist ein sehr differenziert ausgearbeitetes und aufgegliedertes System, was ich selber erfunden habe. Bevor ich mich an die Arbeit gemacht habe, hätte ich nie im Leben gedacht, dass meine kognitiven Gehirnaktivitäten noch so tauglich sind, um neue qualitätsreifere Verbindungsstrategien zu legen.
Zunächst ganz vereinfacht die Spielregeln:

Die Spannung von 10 bis 30 % habe ich in einer grünen Farbe hinterlegt. Danach folgt die blaue Spannungsebene von 40 bis 70 %. Rot gekennzeichnet ist der letzte Bereich von 80 bis 100 %.
Zu den Hintergrundinformationen wäre wichtig zu erwähnen, dass der Spannungsbereich von 10 bis 50 % in die Bedürfnispyramide passt.
Dessen bin ich weiter gefolgt und habe die entsprechende Maßeinheit verkleinert und auf die Zahlen von 1 bis 10 verteilt.
Da die lebenspraktische Pyramide aus insgesamt 5 Einheiten besteht, habe ich jeweils ein Hauptthema dazu gebildet, was einerseits übernommen und andererseits ganz individuell auf meine Persönlichkeit abgestimmt ist. Daraus würde im Übrigen ein Unikat als Konsequenz entstehen.
Darunter, in einer sortierten Reihenfolge, jeweils ein passender Skill.
So bin ich weiter verfahren. Eine Änderung hat sich bei 60 % ergeben. Da bin ich nach meinen eingespeicherten Informationen vorgegangen, die erlernten 5 biologischen Sinne auszuweiten und zu analysieren. Passend zu meinem Charakter.
Dabei ist mir klar geworden, dass ich das ganze Wissen schon in dem 1. DBT Modul gelernt habe. Allerdings habe ich es zu dem Zeitpunkt noch nicht verstanden, sondern eher die Infos

für den eventuell nützlichen Recyclingverbrauch gesammelt.

Jedenfalls habe ich auch eine ganz bestimmte Reihenfolge festgelegt, da ich mich selber am besten kenne und nur alleine in mich hineinfühlen kann und dadurch weiß, welcher Körpersinn, bei welcher Spannung am besten reagiert.
Der weitere Verlauf bleibt gleich, wie bei den Zahlen 1 bis 5. So habe ich die Zahlen von 6 bis 10 mit den Sinnen angeordnet und darunter ein entsprechender Skill.

In einer extra Randzeile habe ich die Buchstaben A bis J verwendet und in Orange gekennzeichnet. Der gesamte Aufbau hat mich an das Spiel "Schiffe versenken" erinnert und somit ist es ein kleines 10 x 10 Spiel zu meiner eigenen Spannungseinschätzung geworden.
Es soll mir selber in erster Linie als Hilfsmittel dienen, um das Vertrauen in mich selber wieder zu finden. Es dient als Mittel zur Bekämpfung von Langeweile, Hilflosigkeit, Schuldgefühlen, Scham und den Wahnsinn von Realitätsverlust und vor allem Kontrollverlust.
Da spielerisch, ein Umgang zu meiner komplexen PTBS-Erkrankung erlernbar ist, ist so ein Schlüsselreiz sehr sinnvoll, mit der praktischen Konditionierung auf das Spiel "Spannung versenken" mit den Triggern auf Zahlen, Farben und Buchstaben.
Nebenbei habe ich einen nützlichen Gewinn durch die strukturierte Anordnung, des Skill Modells. Weil sich eine prägnante Hauptskillkette von 1 bis 10 waagerecht und A bis J senkrecht ergibt. Eine Einheit 10 x 10. Mathematik! Und 10 x 10 Skillketten.
Weiter mit der Projizierung in den chemischen Bereich.
Das dürfte jedem Wissenschaftler und auch Schüler sehr vertraut sein. Das übliche Periodensystem.

Funktionsanwendung im Beispiel zu:
"Mein Spannungsregulations-Skill-System"

Ein folgendes Fazit möchte ich in dem Sinne noch eben festhalten. Wenn ich das Vertrauen in meine eigenen Fähigkeiten wieder finde und es so vertiefe, resultiert Selbstvertrauen und meine Ausstrahlung auf andere Menschen wird sich in einem Lebens- und Lernprozess verändern. Die durch meine Ausstrahlung versendeten Signale können umgewandelt werden und ich hätte längerfristig eine bessere Lebensqualität. Und ich wäre aus dem Schlupfloch der ewigen Opferrolle entkommen. Es liegt bei mir. Mir sollte bewusst sein, dass Energieaufwand und aktiv sein auch echt unbequem werden können und vermutlich auch werden!

Ich

Adresse: Öffentliche Gesellschaft im 21. Jahrhundert

Absender: Anonymia

Betreff Stigma; kerngesund

Diagnosen:

F 61
F 43.1
F 33.1
F 13.2
F 10.2
F 55.8
F 55.2
F 55.0
F 17.1

P. S. Haben Sie nach dem Lesen dieses Buches noch weitere Anmerkungen, stehe ich Ihnen gerne beratend zur Seite. Offen für annehmende Kritikpunkte, Lob, Dank, Wertschätzung und hoffentlich noch ein paar dieser kreativen Ideenvorschläge an Diagnosen. Ich habe da noch jede Menge Platz im Sortiment und freue mich über Ihr Urteil.

Aussichten, Therapie, Behandlungsmaßnahmen:

- ambulante therapeutische Abcheckung
- Vergangenheit bewältigen
- Klar bei Verstand in der Realität bleiben und mich um meine Freundschaften kümmern.
- Mich voller Freude und Hoffnung auf meine Zukunft

vorbereiten
und leben nicht vergessen!

- Ach so und ins Fitnessstudio gehen und einen ausgewogenen schlemmerhaften Ernährungsstil pflegen.
- Auto fahren
- Klugscheißen
- und Chaos stiften und mich amüsieren bei nachhaltigen Konsequenzen
- Lebenslanges Lernen
- Integration aller Traumata

Um vielleicht noch ein bisschen Anonymität der Privatsphäre zu schützen, will ich nur begrenzt andere Menschen mit berühmt machen, wo ich guten Gewissens sagen kann, es würde keinen Schaden anrichten:

- Ach warum nicht gleich die gesamte Welt? Sonst höre ich bis zu meinem Todestag wohl eh nicht mehr auf zu schreiben! Also ich liebe einfach die ganze Welt und hoffe, ich kann mit gutem Gewissen in die Revolutionsgeschichte mit eintreten. Ich weiß einfach nicht, was ich werden will. Kennt ihr das? Ich sollte mir mal einen Job suchen oder eine Ausbildung machen, um nicht vor Langeweile den ganzen Tag solche Bücher zu schreiben. Das ist ja sehr waghalsig, aber das liebe ich! Ich bin ein echtes Wrack und habe einen Hals, ergibt waghalsig. Hihi. Da ich mir der weitreichenden Konsequenzen nicht immer bewusst bin, schreibe ich keine Namen auf, sondern wahre die Anonymität eines jeden Menschen bis auf,
- B.D
- und noch so Vieles mehr … Ich kenne so viele Menschen. Seid mir bitte nicht böse, wenn ich nicht alle ret-

ten kann. Ich muss wohl lernen, für mich selber einzustehen! Anders häng ich irgendwann in meinem eigenen Spinnennetz fest.

Kündigung des Zeitungsaustragens

Bezirk: !

Sehr geehrte Damen und Herren,

hiermit reiche ich Ihnen ein Kündigungsschreiben zum nächstmöglichen Zeitpunkt ein. Wenn mich nicht alles täuscht, müsste es so um den 5. sein. Die beiden Wochenenden werde ich selbstverständlich noch dieser Tätigkeit nachgehen, aber dann reicht es mir endgültig.

Auch wenn es keine verpflichtenden relevanten Kündigungsgründe gibt, wollte ich Ihnen eben noch berichten, dass ich jetzt weiß, was ich will. Und das ist alles andere als Zeitungen austragen. Lieber schreibe ich weiterhin Bücher und gehe direkt als Journalistin arbeiten.
Zeitungen austragen ist echt ein undankbarer Knochenjob, aber immerhin noch gut fürs Immunsystem. Geben Sie Schülern die Möglichkeit, sich neben der Schule etwas Geld zu verdienen. Davon haben Sie bestimmt mehr als mit mir.
Ich beschreite meinen Lebensweg jetzt anders weiter!

Mit freundlichen Grüßen

Ein Vertrauensbrief

Zu allererst möchte ich mich bei euch allen einmal bedanken. Ihr habt mir bis zu diesem Zeitpunkt so viel Zeit gewährt, hier zu wohnen, nachzudenken, Rückschritte erlebt zu haben und mir beigebracht, hier letztendlich nur mit Ehrlichkeit und Offenheit weiterzukommen.

Dieses Prinzip der Selbstliebe, mit dem Ziel, dass es mir ab sofort und für den Rest meines Lebens überwiegend gut gehen kann und wird, habe ich innerhalb der letzten 6 Tage verstanden.

Das tiefe Verinnerlichen wird stärker und stärker werden, je mehr Vertrauen ich in mich selber habe und in den Rest der Menschheit.

Und wer ahnt, mit welchen Methoden ich das alles verstanden habe? Wer es weiß, bitte nicht verraten.
Ganz einfach, durch mein ultimativ schlaues Supergeniegehirn, was Mathematik, Physik, Chemie, Biologie, Deutsch und die bisher gemachten Therapieerfahrungen, miteinander verbunden hat. Ein kleines Zauberrätsel bin ich.

Wer mich wirklich verstehen will, der wird es schaffen! Und ich bin überzeugt davon, dass mich ab sofort so viele Menschen auf der Welt verstehen werden wollen, weil ich ein ganz, ganz, ganz besonderes Zauberkind bin! Das erwachsene Ich musste durch logische Zusammenhangsverbindungen das Kind in sich selber erst mal schachmatt kriegen, bis es vielleicht auch selber mal auf die grandiose Idee kommt, ey, austricksen bringt nichts. Eine liebevolle Mutter kennt ihr Kind ganz genau.

Einfach toll, oder? Findet ihr nicht auch? Also, ihr könnt es ja auch sein lassen, aber ich mag mich sehr und liebe mich selber so, wie ich bin. Ich bin nicht fehlerfrei, dafür aber ein urheberrechtlich geschütztes Unikat der Gesellschaft.

Es wird wohl jetzt anfangs alles etwas bunt aussehen, was ich wann wie tue, aber ich sage euch, es herrscht kein einziger Selbstzweifel mehr in meinem Verhalten. Ich weiß bis ins kleinste Detail, was ich wann wie brauche und auch mit einer hundertprozentigen Gewissheit bekommen werde.

In dem Sinne vertraue ich mir selber zuerst und jetzt liegt es an euch, meine Kraftstärke und inneren Ressourcen etwas zu unterstützen, durch liebevolle Umarmungen, Gespräche nach Bedarf, mir Ruhe und Zeit zu gönnen und mir die Zeit freizustellen, weil ich eine vielbeschäftigte Frau bin und es alles auf einmal gerade nicht schaffen kann. Ich genehmige mir hiermit meinen ersten richtigen Lebenserholungsurlaub und freue mich, mit euch gemeinsam eine Reise auf Erwachsenenebene führen zu dürfen. Ich bin euch so unendlich dankbar.

Ein gebührender Dank geht an eine ganz liebe und nette Person. Sie wird bestimmt beim Lesen wissen, dass sie gemeint ist, denn sie hat mir den Einzug ermöglicht und nie einen Zweifel an meiner Klarheit und wertvollen Intelligenz gehegt. Das wäre ja auch sehr überflüssig!

Ich teile mein Wissen gerne mit euch. Und wisst ihr, was ich gerade tue? Ich lasse mich fallen und lasse alles Negative dabei los. Der Eintritt ins Leben. Ich habe es von ganz alleine geschafft, den Weg in mir selber und nicht mehr bei anderen Menschen zu suchen. Vielen Dank und in dem Sinne wünsche ich euch einen wundervollen Tag und ich gebe euch mal mein

Ergebnis von der Auseinandersetzung mit mir selber in der Ausdrucksform meines eigenen geschriebenen Buches. Wer sich die Unikate durchlesen möchte, den lade ich gerne zu mir nach oben in mein Zimmer ein. Einfach so rücke ich mein Ergebnis nicht her. Das wäre so naiv. Und ihr müsstet doch jetzt auch verstanden haben, wie wunderbar klug ich bin! Das was ich erarbeitet habe. Es ist Gold wert und bombensicher. Und idiotensicher. Ich habe meine innere Sicherheit wieder hergestellt.
Ihr könnt euch außerdem gar nicht beschweren, weil es auf die Tatsache zurückzuführen ist, dass ihr die ganze Zeit auf mich gewartet habt und hier bin ich: Julia und Samantha, beides vereint. Ich bin da! Seid ihr es auch? Beweist es mir? Tut es! Ich werde selber merken, wer bereit ist und wer nicht. Wir können auch gerne mal laut dabei diskutieren und uns danach wieder lieb haben. Kann gar nicht schaden, das mal auszuprobieren. Ich höre ja schließlich auch laute Musik.

Ganz, ganz liebe Grüße …

P. S. In Kurzform, als Übersetzung: Es hat Klick gemacht. Ich bin bereit. Seid ihr es auch? Beweist es mir!

Abschiedsbrief an ihr Kind, von einer liebenden Mutter

03.06.2019

Damit mein Herz wieder lieben kann und mein Körper Luft zum Atmen hat!

Meine liebe Tochter,
Du glaubst gar nicht, wie stolz ich auf Dich bin. Ich möchte Dir danken und das von ganzem Herzen! Du weißt, wie die früheren Lebensumstände waren und ich alles versucht habe, um Dir ein besseres Zuhause zu bieten. Es muss so furchterregend gewesen sein, meinen Krankheitsverlauf mit anzusehen. Es ist zu viel für Dich! Das weiß Mami. Deswegen gebe ich Dir meine jetzt noch zur Verfügung stehende Lebensquelle in Form eines Abschiedsbriefes mit auf den Weg. Mama weiß auch, dass Du jetzt noch zu jung bist, um mich und die Krankheit zu unterscheiden. Lass Dich von den daraus resultierenden Selbstzweifeln nicht ärgern. Und Du bist nicht schuld, dass ich Krebs habe.
So wie ich Dich kenne, übernimmst Du vielleicht vieles davon und beziehst es auf Dich selbst. Dafür sage ich Dir: Trotz allem, was passiert ist, liebe ich Dich. Daran wird sich auch nach meinem Tod nichts ändern. Werde eine zielstrebige, intelligente, junge Frau!
Du wirst einmal den Schmerz so doll fühlen, wie ein Pfeil, der in dein Herz trifft, wenn es so weit ist. Und ich sage Dir: Das ist gesund! Und so okay, wie jeden Tag aufzustehen. Deine Gefühle sind jetzt alle richtig und bleiben es auch. Deine Wut hat eine absolute Daseinsberechtigung. Lass sie zu und nutze sie schöpferisch! Der Neid auf andere ist nur allzu verständlich, aber bleib bei Dir. Und finde in Deiner Stärke Deine Lie-

be zu Dir selbst. Die Angst und Unsicherheit werden weniger werden. Ich bitte Dich, mein Engel: Mama möchte nicht, dass Du aufgrund meines Todes, Dummheiten begehst. Pass gut auf Dich auf! Und bewahre Deine Sinnlichkeit und Grenzen, um stark und selbstbewusst durch Dein Leben gehen zu können. Und vergiss niemals, die Trauer wird weniger werden. Doch genauso wichtig ist der Spaß im Leben oder am Leben. Teile Deine Erkenntnisse, Neugierden, Ideen mit Deinen Freunden. Du bist nicht allein! Ich pass von der Ferne auf Dich auf und freue mich so sehr über jeden Schritt, den Du gehst. Und wenn wir uns eines Tages wiedersehen, erzählst Du mir alles! Es sind alle für Dich! Es sind alle da! Und Du? Bist Du auch da? Bis dahin reise durch Dein Leben und lass Dich fallen. Dein Zuhause bist du selber und es ist immer und überall da, wo Du auch bist.
In Liebe, Deine Mama!

Das verstehe ich, aber tue es selber nicht mal

Warum fragen einen kriminell werdende Leute nicht einfach mal kurz vorher um Entschuldigung. Was würden Sie denn jetzt in dem Augenblick davon halten, wenn ich Sie vergewaltigen würde? Ich bin auch ganz vorsichtig dabei und wahre mit Garantie auch alle Ihre Grenzen. Okay, danach werde ich sexuell befriedigt sein und Sie dürfen mit einer komplexen PTBS und weiteren Todesängsten durch Ihr Leben gehen. Echt das beste Angebot, was viel zu oft angenommen wird. Nein heißt nein. Und jeder hat ein Recht auf seine persönlichen Grenzen und die Akzeptanz so in Ordnung zu sein, wie er als Mensch halt ist. Ja.

Genauso wenig fragen einen die Menschen, ob es okay wäre, einfach mal zu sterben. Nein, stattdessen gehen diese einfach und lassen einen einfach so im Regen stehen. Auch das wäre mal einführenswert, vorher eben Bescheid zu sagen. Hey, ich werde bald sterben, aber weiß leider nicht wann, wollte es dir aber schon mal mit auf den Weg gegeben haben! Das wäre alles zu schön, um wahr zu sein.

Eine meiner Antworten darauf. Nichts kann im Leben zu 100 % vorhergesehen oder kontrolliert werden. Manche Dinge können erahnt werden und es geschehen dennoch Wunder auf dieser Erde. Andere Sachen können nicht alleine abgewehrt werden, wenn jemand dieses Kribbeln im Bauch spürt und nichts dabei fühlen kann, außer diese unerträgliche Spannung. Risiko. Grenzlebig. Klippenspringer. Ganz oder gar nicht. All das wären wohl passende Bereiche solcher Menschen, die keine Zwischenräume mehr sehen können. Schwarz oder weiß. Was passt in welchen Momenten noch besser? Statt eine Auswahl von Farben zu sehen, ist der Adrenalinpegel immer zu hoch. Und auf Dauer kann so etwas kein Mensch aushalten. Entweder er überlebt es oder stirbt an diesen Extremradikalenverhältnissen. Ich fühle mich wie eine Momo in dieser Welt, aber nicht stark genug, um gegen den 3. Weltkrieg alleine ankämpfen zu können. Ich brauche eine ganze Armee liebender Menschen mit feuerroten Herzen, die noch am Pochen sind. Nur das kann mir noch helfen, eine Chance im Leben zu haben.

Ich habe gelogen, aber nicht weil ich das so sehr wollte!

Lügen ist nämlich blöde. Samantha ist ganz nah bei mir und sie sagt, wenn Julia träumen soll. Und sie ist viel stärker als Julia, aber das hat einen schlimmen Grund. Der Missbrauch von ganz früher. Das war wohl das Beschämendste, was ich je erleben musste. Manchmal sind irgendwelche Bilder oder Zustände da, aber keine einzige klare Erinnerung. Und das zweite Trauma mit 11 Jahren. Und das mit 21. Ich bin durch mit dem Leben. Es hat alles auf einmal angefangen, dann kann auch alles auf einmal wieder aufhören. Stimmen im Kopf.

Aber Angst brauche ich vor Samantha nicht zu haben. Sie hat zwar meinen freien Willen, aber dafür eine intuitive Willensstärke. Das logische Denken versagt des Öfteren, aber das ist halb so wild. Ich will nur noch gesund werden und alleine keine Angst mehr haben. Sie weiß sich sehr gut zu wehren und hat gar keine Angst. Aber Julia dafür ganz viel. Verlust- und Versagensängste. Angst vor dem Alleinsein. Pure Hilflosigkeit sprudelt derzeit nur noch aus mir heraus. Und Verzweiflung und auch Hoffnung auf Erfolgschancen, bei meiner Intelligenz. Das ist das Wunderschönste und das sollte ich schöpferisch nutzen, anstatt mich über Sachen zu beschweren, die ich nicht ändern kann. Samantha und Julia streiten immer so viel. Das nervt mich ziemlich. Boah, dass die beiden nicht einen Moment lang still sein können. Die nehmen einfach keine Rücksicht auf depressive Menschen. Ich bin müde, okay! Damit das auch mal gesagt werden kann. Lasst mich einfach alle in Ruhe. Samantha das Energiebündel, Julia das liebe lachende Ich und Emely das depressive Vergewaltigungsopfer.

Samantha verschwindet aber auch immer wieder ganz schnell. Nur wo ich Klarheit und Ordnung spüre, da ist sie gerne mitten im Geschehen. Das Schlimmste am Missbrauch war früher wohl nicht die körperliche Gewalt, sondern das tatverschwiegene Annähern, ohne Vorahnung. Dieses ich liebe dich und bin ganz nett zu dir und du magst mich dann und dann tue ich dir weh. Das tut weh. Genau das, was meine Mutter mir früher auch schon beigebracht hat. Erst als tolle Mutter ausgeben und dann zuschlagen und dann wieder in den Arm nehmen. Das irritiert echt ziemlich doll. Kein Wunder, dass ich jedes Mal einen Wutanfall bekomme, wenn ich mich nicht selber verletzen kann. Boah, es gibt kaum etwas Schlimmeres als diese Umgewöhnung von Abwehr zu Vertrauen. Ich habe solche Angst und doch auch irgendwie so gar keine. Mir ist das alles so unendlich unangenehm. Wenn ich offen damit umgehe, dann habe ich Angst, dass andere Leute mir das zuschreiben, obwohl ich keine Schuld habe. Dann weint Samantha. Das geht nicht. Weil ich war als Kind abhängig von meinen Eltern und wenn die mir das alles schon verdreht vorgelebt haben, dann übernimmt man als Kind ja irgendwie vieles davon. Ich habe ja auch eine zweigeteilte DNA.

Die Hälfte meiner Mutter, die Hälfte meines Vaters. Das ergibt Sinn, warum Menschen, als Kinder einen sehr guten Gerechtigkeitssinn haben. Es gibt die typischen 4 Formen des Narzissmus, die mir mein großer Bruder immer wieder gesagt hat:

1. Ich bin in Ordnung – Du bist in Ordnung
2. Ich liebe mich – Ich hasse dich
3. Ich liebe dich – Ich hasse mich
4. Ich hasse dich – Ich hasse mich

Vermutlich sind gleich alle 4 Formen in meiner Ursprungsfamilie vertreten gewesen. Aber am allerwenigsten bekam ich über die Jahre etwas von der ersten Form ab. Aber damit läuft das Leben und Wahrheit ist Gesetz!

Für den Fall der Fälle eine eigene Sicherheitsfalle

Habe ich in der Zeit, in der ich hier wohne, schon einmal erwähnt, dass ich wohl leidenschaftlich gerne Risiko im real life spiele? Es steht riskant, um mein Vorankommen oder Abstürzen. Das löst die permanente Verzweiflung aus. Sollte aber wohl erst mal nicht weiter drastisch gesehen werden. Durch meine eigenen Erpressungsschriftstücke, mich selber an meinem Ego zu packen, würde ich gerne ein Signalwort verwenden. Ein Signalwort, in dem ich euch genau dann erlaube, mich auch bei starker Abwehr von allerlei Gefahren in die Klinik zu schicken. Jetzt ist es noch nicht so weit. Wann und ob es überhaupt jemals wieder so weit nach unten gehen muss, das kann nur ganz alleine ich spüren. Aber ich stecke meine gesamte Hoffnung in meine Schriftwerke, dass solche Abkommens-Vereinbarungen mir ein stabiles Gefühl der Sicherheit vermitteln, hier ganz, ganz, ganz wirklich im Ernst in Sicherheit zu sein und es als mein erstes richtiges Zuhause annehmen zu können. Pokern mit Offenheit in Schriftzügen der Wortgewalt, nutze ich derzeit gerne, um mich kommunikativ und kooperativ zeigen zu können. Verbal bin ich des Öfteren blockiert. Wen wundert es?

Mich kein Stück. Im Trauma besteht keine Möglichkeit, sich verbal noch logisch äußern zu können. Also von daher seid mir nicht böse, wenn ich verbal öfter mal im wahrsten Sinne des Wortes "sprachlos" bin! Es hat alles eine spannende Erklärungstheorie im Ursprung. Und mir ist bewusst, Intelligenz alleine, führt mich nicht zum Erfolg. Emotional werde ich noch einmal ganz am Boden ankommen werden müssen, um dann im richtigen Leben super durchstarten zu können. Ein Wutanfall wäre ein klasse Erfolg. Aber in mir zeigt sich keinerlei Regung davon. Eher ein Abtauchen in meine eigene Welt.

Aber ich bin mit der entwickelten Methodik sehr zufrieden und

kann mir im Voraus schon selber Erste Hilfe leisten.
Wenn ich ganz unten bin, seid ihr auch da, um mir zu helfen? Kann ich ganz wirklich im Ernst auf Eure Hilfe zählen? Denn die Therapie schlägt mit akuter Immunabwehr an. Logisch, oder? Ich bin ja auch mit ein paar Dingen zu viel infiziert worden, wo mein Immunsystem der Seele erst einmal das richtige Bekämpfungsabwehrmittel herstellen muss, um danach zu wissen, es ist VORBEI! Es passiert doch jetzt nichts mehr. Die Symptomatik derzeit ist nichts in dem Vergleich, wie ich sie schon vorher einmal hatte.
Also, das nervt, aber stört mich im Geringsten. Das kenne ich schon alles. Ich hoffe oder wünsche mir vielmehr, dass der sogenannte Tag x für immer deaktiviert bleibt. Auch wenn ich mich daran zurückerinnere, was gewesen ist. Aber ich weiß, mir ist es mein Leben wohl wert, es besser haben zu können, als wie ich die unbewussten Schlüsse im Trauma getroffen habe. Das wäre wohl tödlich. Aber wie gesagt. Damit ich hier als eine junge erwachsene, fleißige und zielstrebige Frau angesehen werden kann und selber die Kontrolle bewusst in der Hand habe, möchte ich euch bitten:

Wenn ich "Jetzt BITTE" sage, wann und wo auch immer ich mich dann befinden werde, mich direkt in die Klinik einzuweisen. Egal wie. Das ist es mir wohl wert. Später werde ich mir dafür danken können. Mich vor noch weiteren Grausamkeiten selber bewahrt zu haben!

Signalwort: "JETZT BITTE" weil auf Stop kein Mensch hört. Also jetzt gerade heute nicht, das kommt sehr ungelegen, aber wenn Ihr Bescheid wisst und *achtsam* zuhört, werdet IHR das wohl hören können. So viel an Vertrauen dürfte ich bereits wieder erlangt haben. Also save ist save. Und das andere, wenn ich anfange wieder Windeln zu tragen, ist es wohl nicht weiter

tragisch, aber es ist wohl meiner Vermutung nach eine Trotzreaktion, die ich anders nicht zeigen kann. Warum auch immer? Aus Angst oder so?
Es ist immer ein Warnsignal, das schon, aber es löst sich schnell wieder auf, weil es wohl sehr unangenehm ist, wenn man zwar abdriftet, aber doch gleichzeitig so sensibel alle Reize klar bewusst mitbekommt, aber die Entwicklungszustandsveränderungen so plötzlich immer wieder eintreten. Leicht anstrengend und kräftezehrend, aber durchaus zu bewältigen. Außerdem kommt das Windeltragen eher in Phasen vor, in denen es mir wirklich nicht besonders gut geht. Auch eine Art Ventil. Aber nicht weiter tragisch, weil ich das schon ganz lange habe. Ich hab mich nur nie getraut, das zu sagen, weil mir das so peinlich ist. Das ist wohl mein allerpeinlichstes Geheimnis, was wohl mit dem Missbrauch eine logische Verhaltenskonsequenz darstellen würde. Oder eher mit den Verlusterfahrungen. Eine andere Art der Trauerbewältigung. Bitte seid mir nicht böse deswegen. Es ist ja nicht das, was man als erwachsene junge Frau gerne erreichen will. Eher ein Vorankommen und Weitergehen. Und kein Stehenbleiben, im Kindergartenalter. Nein, das ist zwar verständlich begründbar, aber wohl echt nicht sinn- und zweckführend. Deswegen brauche ich ab heute auch keine Windeln mehr. Ne, ne. Ich bin doch schon groß und sollte mit Eurer Hilfe üben lernen, meine Grundbedürfnisse stärker durchzusetzen.

Es ist ja nichts Schlimmes daran, auf die Toilette zu müssen. Genauso wenig wie Hunger oder Durst zu haben. Und das, was noch für meine Zukunft geplant ist, mal einen souveränen Freund zu finden, mit dem ich Sex haben kann. Weil das geht hier echt unter. Zu offenkundig? Okay, ihr wisst wohl, worauf es jetzt wieder hinauslaufen würde. Ich höre auf.

Danke für Euer Verständnis und Eure tatkräftige Unterstützung!

Schlafstörungen

Habe ich schon aufgeschrieben, dass ich bestimmt schon mein halbes Leben unter Schlafstörungen leide? Bestimmt nicht. Es ist ja auch eine einfach zu verschweigende Sache, die niemandem auffällt und ich sowieso immer ein schlechtes Gewissen habe, zu wenig getan zu haben, um immer mehr und weiter zu machen. Vielleicht habe ich heute Nacht noch einen emotionalen Burn-out und werde mir erst mal Urlaub nehmen müssen, bis ich wieder klar denken kann, aber wie gesagt, ich bin ja nun mal kein Hellseher und kann deshalb nicht in die Zukunft schauen. Eher in meine Vergangenheit, die ich als Prostituierte im Rotlichtviertel, doch überwiegend im Dunkeln verbracht habe. Das fehlt irgendwie noch, das eine Kapitel, bis ich endlich mal wieder arbeitsfähig bin.
In den zwei Jahren, in denen meine Mama sehr unter dem Krebsgeschwür zu leiden hatte, entwickelte ich deutliche Anzeichen einer Schlafstörung. Es fiel gar keinem auf und für mich war es eine alltägliche Routine, es so zu machen. Vor meiner Mutter aufzustehen. Nach meiner Mutter nachts schlafen zu gehen. Nichts Aufregendes. Allerdings, dass ich immer am nächsten Morgen falsch herum im Bett lag, weil mich doch alles so mitnahm, erklärt wohl auch das Einnässen von Urin am Tag. Damit hatte ich enorm lange zu kämpfen. Bis ich endlich mal trocken geworden bin und endlich zum Glück keine Windeln mehr brauche. Wozu? Ich bin erwachsen und wen kümmert dieses einsame, verlassene Kind schon noch? Niemanden? Warum? Was soll das? Mit dieser Tatsache kann und will ich einfach nicht leben. Das nehm ich so nicht hin und befinde mich damit in einem Zustand des nicht erwachsen werden Wollens. Darin bin ich mit 23 Jahren ja schon mal gut auf dem Weg nach oben. Wenn ich das den Rest meines Lebens so weiterführen will, dann beschwere dich aber später nicht über dein

eigenes Versagen! Sonst tick ich aus und zieh mir gleich noch selber die Ohren lang. Meine Güte, es kann doch wohl alles nicht so schwer sein.
Also schlaflos und schreckhaft war ich schon mit 11 Jahren. Jedes Mal, wenn ich versucht habe, einzuschlafen, dachte ich, ich würde selber sterben. Schlafen ist gleichzusetzen mit einem absoluten Kontrollverlust. Das kann ich so nicht hinnehmen. Na logisch oder? Wenn ich schlafe und es selber nicht mitbekomme, dann müsste ich wohl sterben, wenn ich schlafe und wieder lebe, wenn ich aufwache. Manchmal überkam mich eine Panik, wenn ich aus Versehen dann doch einmal schlief. Oh nein. Ich will doch leben, oder? Nein, etwa nicht? Dann schlafe, so viel du willst. Aber wundere dich nicht, wenn du tot bist. Boah. Nein ich will leben. Also ich schlafe nicht.

Einen absoluten Wendepunkt bekam ich, als ich nachts so ungefähr über ein Jahr immer eine Kassette oder eine CD zum Einschlafen hörte, was Mama allerdings auch noch sehr gefiel und ich einschlief. Bibi Blocksberg oder Wendy. Oh ja, das hörte ich sehr gerne. Oder Elea Eluanda. Ich wurde ruhig davon, aber wenig später schlief ich aufrecht im Sitzen. Das weiß ich deshalb, weil ich manchmal aufwachte und mich wunderte, warum ich nicht mehr liege. Das ging echt lange so, bis es auch andere Menschen wie unsere Vermieter mitbekamen, die unter uns wohnten. Wenn Mama mal wieder ins Krankenhaus musste, dann durfte ich bei den beiden bleiben. M. bemerkte, wenn ich nachts schlief und versuchte, mich vorsichtig wieder hinzulegen, wenn ich mal wieder im Sitzen weiterschlafen wollte. Zum Glück zeigte ich bis dahin keine so großen Abwehrreaktionen.

Das ging so lange, bis meine Pflegeeltern mich an dem Tag im März abholten und einfach aus meiner vertrauten Umgebung entführten. Hallo? Was fällt denen eigentlich ein? Ich hatte sogar schon im März alle meine Weihnachtsgeschenke fertig, weil ich so ungeduldig war und mich immer zu Tode langweilte. Verständlich, oder? Wen würden solche eingespielten Umstände nicht auch irgendwann langweilen und auf die Nerven gehen? Da kommt keiner drum herum.

In der Pflegefamilie war das Schlafen erst komisch, weil ich um 21:00 Uhr schlafen gehen sollte. Das untergrub mein eigenes Können. Dafür habe ich meine Pflegeeltern wohl am allermeisten gehasst. Für diese bescheuerten Regeln und die merkwürdige Tagesstruktur, wo immer so viel Freude zu erwarten war. Was soll ich damit? Ich komme auch gut ohne Regeln aus und kann gut für mich sorgen. Zähne putzen und Haare kämmen ist ja wohl überflüssig. Wenn ich das halt nicht kann, halb so wild. Ich brauche ja nicht immer so schick auszusehen. Was tut das not? Nichts, wenn ich eh immer alleine bin.
Die Zeit in der Pflegefamilie schlief ich in meinen Teenager-Jahren wohl mehr, als es überhaupt notwendig gewesen wäre. Ich schlief und schlief und mit 17 Jahren schlief ich fast 16 Stunden am Stück und bekam Wutanfälle, wenn ich auch nur einen Funken Licht sehen musste. Ich hasste Licht und alles, was mich nicht in Ruhe schlafen lassen wollte. Depressionen sind bei Frauen gesellschaftlich auch lieber gesehen als Aggressionen. Erst als ich durch meine Sporttrainerin zum Sportmachen kam, änderten sich meine Gewohnheiten. Ich schnitt mir nur noch halb so oft meine Arme auf und hörte auf, mich zu betrinken. Weil ich mit 16 wohl schon ein wirklich ernstzunehmendes Alkoholproblem hatte und jetzt gerade schon wieder gerne trinken wollen würde. Einfach, um mich damit nicht beschäftigen zu müssen und taub zu sein. Aber vor meinen eigenen Gefühlen kann ich wohl schlecht weglaufen.

Prostitution

Meine Zeit innerhalb der Prostitution, wo ich alles Vertraute einmal wiederholte. Ich baute mir eine Sicherheit auf, die ich kannte, mir aber einen echten Schaden verabreichte. Ich war 21 Jahre alt und das absolute Verlust- und Bindungstrauma aus meiner Kindheit lebte in meinem Unterbewusstsein einfach weiter. Ich fing mit einem Kumpel an, mich erst mal mit der üblichen Straßenprostitution zu beschäftigen. Das war sehr spannend, denn wir liefen bei Nacht betrunken und bekifft durch die Strassen und gingen durch das Rotlichtviertel am Bahnhof. Dort wollte ich direkt anfangen zu arbeiten. Weil ich ja ohnehin nichts tauge, und über keinerlei Stärke verfüge, noch in irgendeiner Weise lebensfähig zu sein schien. Da passe ich doch wohl sehr gut dort hin. Oh ja. Der Traum eines jeden verlassenen Kindes, auch irgendwo aufgenommen zu sein und auch ein Zuhause im Puff finden zu können. Über die Konsequenzen war ich mir keineswegs im Klaren. Was soll schon passieren? Das Beste und Schlimmste wäre wohl, umgebracht zu werden, aber mir ist es egal, wenn mir jemand wehtut. Das schafft eh kein Mensch dieser Welt mehr.

Mein Kumpel und ich trafen auf einen echt starken Zuhälter, der uns fragte, ob er uns nicht helfen könne. Wir stiegen beide in sein Auto ein und fuhren einfach mit ihm mit. Ich sagte, ich sei notgeil und will jetzt Nutte werden. Er fuhr mit uns an einen See. Erst dachte ich, er wolle uns darin ertränken und unsere Leichen danach im Leichenschauhaus ausstellen, aber nein. Er stieg mit mir aus und ich kniete mich vor ihm hin und blies ihm einen. Im Auto saß vorne auf dem Beifahrersitz mein Kumpel. Ich wollte draußen nicht alleine mit ihm sein. Ich bat ihn, mit mir ins Auto zu steigen. Wir stiegen ein und er vögelte mich hinten auf der Rückbank einmal durch. Ohne Gummi. So

schnell werde ich bestimmt auch nicht schwanger, weil ich ohnehin schon tot bin und dadurch bestimmt noch nicht mal in der Lage wäre, einen gebärfreudigen Uterus in meinem Unterleib zu tragen. Der Sex war einfach toll. Das Stöhnen, diese Nähe und er. Ich liebte seinen schweren muskulösen Körper auf meinem und genoss diesen Moment wohl am meisten. Vorne wurde mein Kumpel sogar davon leicht mit stimuliert und es war so absurd, dass er seinen Schwanz herauszog und einmal quer über meinen Bauch bis zu meinem Haar abspritzte. Wir suchten im Dunkeln später ein Taschentuch, aber mich störte das Schmutzigsein gar nicht so sehr.
Ich hätte mir im Leben nie erträumen lassen, dass er uns lebendig nach Hause fuhr. Wir hielten auf einem Parkplatz an, um noch ein paar Joints zu rauchen. Ich liebte ihn, ohne ihn zu kennen. Hm.
Ein anderes Mal, da traf ich mich mit ihm ganz alleine und ich fuhr mit ihm über einen Rastplatz in Cloppenburg. Mitten in der Nacht, er meinte, Truckerfahrer, die nehmen einen immer. Ich lernte schnell und wir fanden einen Abnehmer, der mich für den Sex zum allerersten Mal bezahlte und mir damit wohl auch ein Stück meiner Seele kaufte. Ich war nicht frei. Nein, ich sollte meine Gürteltasche im Auto lassen und stieg zu ihm in den Trucker ein. Eine halbe Stunde mit Gummi. 50 Euro Vorauszahlung und Schmerzen beim Sex. Er kam glücklicherweise sehr schnell und ich konnte fliehen. Er drückte meinen Körper in die Sitzoberfläche und dicht ans Fenster. Durch meinen Unterleib zog sich bloß alles zusammen und ich hatte solche Schmerzen, aber der Sex tat irgendwie trotzdem gut. Durchgefickt und dafür bezahlt, von wildfremden Menschen.
Als ich ausstieg, war ich den Tränen nahe, aber ich schluckte die Trauer bloß wieder hinunter. Alles klar. Ich stieg zu meinem Zuhälter in den Wagen ein und hatte meine ersten 20 Euro verdient, denn er bekam ungefähr die Hälfte des Geldes ab

oder je nachdem, wie wir es aufteilten. Er 30 und ich 20. Ja das ist wohl gerecht. Oder nicht? Fand ich schon und dass ich so billig war, das störte mich erst später.

Als ich in meiner Wohnung saß, da bin ich drei Tage nicht mehr duschen gewesen, weil ich es so toll fand, die Spermien meines damaligen Zuhälters im Haar zu tragen. Mein Kumpel übernachtete bei mir und wir tranken wohl noch jede Menge Wein und Bier. Ich zumindest. Bekifft und besoffen schliefen wir irgendwann ein.
Nach dem Treffen sah ich den Fremden nie wieder und ging an einem Freitag in den Puff. Meine erste Nacht als richtige Hure. Wow, eine neue und gleichzeitig so vertraute Welt, mir gefiel es wohl, im Leid meiner Geschichte sterben zu wollen. Sehe ich mittlerweile etwas anders und ich verdiente so schnell so viel – nichts! Stattdessen verkaufte ich meinen Körper und verdiente genau um die 300 Euro in einer Nacht und schlief mit 2 Männern. Der eine oder mein erster Kunde schenkte mir Frauenkleidung, die er selber trug, weil er so darauf stand und gab mir 150 Euro. Ein anderer Mann in der Bar schaute mich an und erwähnte, ich würde ihn ansehen wie ein durchgeficktes Eichhörnchen. Aber er spendierte mir eine Packung Zigaretten und ich bekam noch 10 Euro geschenkt. Die anderen Weiber, die mochte ich allesamt so gerne. Die kannten denselben Scheiß. Denn einfach so wird eine Hure selten eine Hure, es sei denn, sie ist dem sexuellen Trieb so hinfällig geworden und liebt es, die ganze Nacht zu vögeln. Aber dem entsprach ich nicht so, vor allem schon deswegen nicht, weil ich nicht die leiseste Ahnung von Sex hatte. Ich überließ es den Männern, weil die wollen das doch ohnehin immer. Die müssen doch wohl wissen, wie das geht. Was ich liebte, war aber dennoch diese Nähe an Körperkontakt. Und die Wärme, wenn die Schwänze in meiner Vagina steckten. Ich hätte sie am liebsten

für immer in mir behalten, aber es waren ja fremde Männer und so viele wie ich haben wollte. Passt mir der eine nicht, dann nehme ich einfach den nächsten. Diese verschmolzene zerstörerische Vereinigung, mit der Fremdheit an riesiger Distanzierung. Eine immer weiter währende Entfremdung meinerseits. Hin zu einer Unwissenheit, was hier eigentlich in Turboschnelle mit mir geschieht. Woah, ich zahlte in der Nacht noch 80 Euro an das Bordell selber und behielt den letzten Freier noch gut in Erinnerung. Er schrieb mir seine Adresse und Telefonnummer auf. Der Sex war geil mit ihm.

Ein Bekannter war in meiner Wohnung, als ich an dem Morgen heimkam. Ich holte ihn ein paar Tage vorher vom Flughafen ab, da er gerne verreiste und ich ein Auto hatte. Ich fuhr hin und er war noch am Runterkommen, da er mit den Drogen vollgepumpt war. Keine Ahnung was er da alles intus hatte. Das gefiel mir nun wahrlich nicht und ich sagte ihm ganz klar, wenn er vorhat, noch irgendetwas zu nehmen, dann bitte nicht hier. Aber er gab mir Tipps für die Nächte im Puff. Nach dieser einen Nacht wollte ich ernsthaft damit aufhören. Ganz im Ernst. Er hörte mir aufmerksam zu und war da, als es sonst niemand war. Ich vermisse ihn sehr, aber aus irgendwelchen Gründen tun wir uns manchmal beide nicht so gut. Wir haben wohl beide erst mal mehr mit uns selber zu tun, als dass wir eine tragfähige Beziehung zueinander aufbauen könnten. Vor allem, wenn ich den Co-abhängigen Part in dem Geschehen übernehme und er mit mir niemals aus dem Sumpf der Sucht einen Weg hinausfinden kann.

Wie gesagt, ich wünsche mir, dass er einen Weg findet, um gesund werden zu können und er ist ein Grund, warum ich angefangen habe zu schreiben. Ich könnte nicht damit weiterleben, nichts unternommen zu haben, was früher gewesen ist.

Denn ihn trifft keine Schuld. Er ist nicht schuldig dafür, was ihm angetan wurde. Ich stehe immer irgendwo dazwischen. Nervt mich manchmal auch, aber ich wende mich deshalb einfach gleich an die Öffentlichkeit, weil ich nicht will, dass es meinem Bekannten schlecht geht. Er soll mal schön am Leben bleiben.

Ich war aus irgendeinem Grund schon voll im Nachtgeschehen drinnen. Im Geschäft umgeben von Rotlicht im Glanz der schnellen Verdrängung und dem Missbrauch der Vergangenheit. Unglaublich faszinierend diese Welt und zugleich eine Todesfalle, wenn man nicht irgendwann endlich den Absprung schafft. Ich war eine Nacht im Puff und fing im Januar 2017 woanders an. Den Winter über betrank ich mich, kiffte permanent und hatte Albträume und immer diese blöden Nachhallerinnerungen an meine tote Mutter. Ich fühlte mich wie 12 Jahre zurückversetzt. Ich knüpfte halt dort wieder an, wo ich logischerweise einmal stehen geblieben bin.

Es war schon ein härteres Pflaster, mit der Konkurrenz mithalten zu können und ich wollte in dem einen Puff arbeiten, bei dem ich mich vorher telefonisch gemeldet hatte. Ich tauchte nach einigen Umwegen am späten Abend im Januar auf und wurde fast schon beim Eintreten wieder hinausgeworfen. Das muss mir erst mal jemand nachmachen. Der Barkeeperin gefiel mein Outfit mit einer Leggins und meinen gemütlichen Winterstiefeln nicht. Ich bot ihr an, mich hier auch im BH hinzusetzen. Das fand sie noch weniger lustig und ich ergriff die Flucht. War vielleicht auch besser so.
Ich ging in ein Bordell nebenan und konnte dort bleiben. Das Ding ist, mir fehlen meine gesamten Erinnerungen aus der Zeit. Ein paar kann ich bestimmt noch mit Muße zusammenkratzen, aber ich entschuldige mich für leerbleibende Zeilen.

Es war eine Bar, sehr angenehm. Ich fühlte mich angespannt wohl. Ich rauchte permanent meine Kippen weg und trank bei jeder Gelegenheit. Die erste Nacht, ich weiß nicht mehr, was passierte, aber ich glaube, ich schlief mit einem Mann, den ich später als arbeitenden Arzt wiedertraf. Er hatte einen echt kratzigen Bart und gab mir 70 Euro ohne Gummi.
Ob ich danach noch mit jemandem schlief, weiß ich echt nicht mehr. Ich hab die in mein Tagebuch aufgeschriebenen Erinnerungen wohl noch in meinem Gedächtnis.

Ich fuhr nach dem ersten Ausprobieren zurück nach Hause und fühlte noch die Männer bei mir. Die Gerüche klebten allesamt immer an meinen Kleidungsstücken und ich fühlte mich unsicher geborgen in einer Welt voller Gefahren.

Ich ging nach einer Nacht Pause wieder hin. Boah, war das aufregend. In der Nacht war ich so wütend, dass meine Mutter gestorben ist und mich damals alleine ließ, dass ich um jeden Preis einen spielsüchtigen Menschen davon überzeugen wollte, mit mir zu schlafen. Ohne Gewinn wieder nach Hause zu fahren, damit wäre mein Leben nun endgültig ruiniert, weil ich mich schon sehr billig verkaufte. 2 Euro für jede Brust. Man hätte mich doch glatt in einer Glasvitrine ausstellen können. Oder mit einem Zettel: umsonst zum Vergewaltigen.
In dieser Nacht schlief ich dennoch mit einem. Er war jung und süß. Ich wünschte mir auf einmal einen Freund. Ich liebte den Sex und hatte so viele Orgasmen in der Nacht. Es hat echt Spaß gemacht. So war es ja nun nicht. Den Sex fand ich an sich gar nicht so tragisch, eher geschah was mit meiner psychischen Verfassung in der Zeit. Ein Absturz in die falsche Welt. Dort passe ich nun wahrlich nicht hin und frag mich, was ich dort einst überhaupt mal zu suchen hatte. Denn wirklich erwachsen verhielt ich mich ja nun nicht. Ich stieg bei fremden Männern

mit ins Auto ein und bat sie, mich am Bahnhof abzusetzen. Nein, sie nahmen mich mit zu ihrem Zuhause und ich übernachtete dort. Wir tranken noch ein Bier und ich schlief im Bett neben dem jungen Kerl. Am nächsten Morgen hatte ich solch furchtbare Unterleibsschmerzen, dass ich gleich 6 Schmerztabletten auf einmal schluckte und nichts weiter als nach Hause wollte. Wir standen bald alle auf und frühstückten noch gemeinsam. Sie brachten mich wirklich nach Hause. So liebe Menschen. Ich liebte sie, zog ihnen aber noch Zigaretten und 20 Euro aus der Tasche, indem ich sie mit schiefem Blick ansah und sie fast zerfraß, wenn sie nicht das taten, was ich wollte. Kriminell gemeingefährlich und halt eine undankbare Nuttenhurenschlampe, die sich so billig fühlte, dass ich wirklich einen Moment mit dem Gedanken spielte, wenn ich so weitermache, dann brauche ich wirklich bald Drogen, um nicht mehr so billig zu sein. Ich nahm Gott sei Dank nichts. Ich trank einfach nur und schluckte wahllos viele Schmerzmittel in der Zeit und schnitt meine Arme in blutige Streifen. Mit dem Arbeiten klappte es halt alles nicht so bei mir, wie bei anderen.

Eine letzte Nacht ging ich in dieser Woche noch in den Puff zurück. Die Horrornacht meines Lebens. 4 Freier und Falschgeld zum Schluss. Da kommt man sich keineswegs verarscht bei vor. Ich aber schon, weil, was will ich denn mit Falschgeld? Damit kann ich nichts anfangen, weil, ich kann doch nichts davon kaufen. Was soll ich denn damit? Ich mag ihn nicht. Er hat mich angelogen und mein Vertrauen missbraucht.

Die letzten beiden Gäste waren wohl zu meinem eigenen Verhängnis geworden, da der eine vorher darauf stand, sich in den Mund pinkeln zu lassen. Was ich allerdings nicht tat, weil es mir reichte, mit ihm zu schlafen. Er muss auch Furchtbares erlebt haben, dass er sich freiwillig in den Mund pissen lässt.

Interessiert mich ja schon, warum das so ist? Und der Letzte, der hat mich gepackt.

Ich wusste, ich konnte danach aufhören und war frei.
Ich sah ihn an. Er sah in meine Augen. Unsere Blicke trafen sich ineinander. Der eine wusste wohl schon, was der andere dachte. Telepathie von Gedankenübertragung, ohne jemals ein Wort miteinander verloren zu haben. Ich fragte nach dem Zimmerschlüssel und mir wurden noch ein paar Gummis mitgegeben. Ich nahm ihn mit und er fragte mich, wie ich denn heiße. Emely sagte ich und war es danach auch. Ich fühlte mich zum ersten Mal selbstbewusst in meinem Leben, wenn ich die Türen aufschloss und fremde Männer mit ins Zimmer nahm. Ich schloss auf und führte ihn zum Bett. In den Raum. Wir zogen uns aus. Mir war etwas mulmig zumute und ich zitterte am ganzen Körper. Er packte mich fest und stellte sich hinter mich. Ohne Vorsicht steckte er seinen Schwanz in meinen Arsch und legte los. Ein fester Druck an meinen Oberarmen und er hörte auf, schmiss mich aufs Bett, steckte seinen Schwanz in meinen Mund, spritze hinein, ich sabberte verlegen. Er drehte mich um oder zumindest half ich fleißig dabei mit. Er steckte wieder fest in meinem Arsch. Und ein so doller Schmerz durchzog meinen gesamten Körper. Ich schrie aus Leibeskräften auf: "Fass mich nicht mehr an!" Und er war irritiert. Zeigte mit seinen Fingern, dass er doch gezahlt hätte und ich ließ den Rest vaginal über mich ergehen. Spermien auf meinem Bauch zum Schluss.

Das überstieg meine Fähigkeiten.
Wir zogen uns an und ihm fiel ein Messer aus der Hosentasche. Als ich es sah, nahm ich es blitzschnell und versteckte es unter meinem Schal. Er zog sich an, ich zitterte. Er kann nicht gut mit Messern umgehen, ich aber schon. Er hat mir wehgetan und dafür nehme ich sein Messer weg. Was sogar sehr hoch-

wertig war. Ich hatte Glück, so still zu sein. Im Normalfall erregt es manche Männer sogar noch mehr, wenn das Opfer sich aus Leibeskräften wehrt und nicht noch beim Vergewaltigtwerden mithilft. Dann ist doch der ganze Showdown ruiniert. Na toll. Ich hab's wohl echt vermasselt. Aber was soll's. Wir gingen zurück in die Bar und ich rauchte kreidebleich erst mal ein paar Kippen, bis ich mich verabschiedete. Er kam noch mal zurück, weil er doch tatsächlich sein Messer suchte. Ich tat ahnungslos, als wüsste ich von nichts. Verstörend ging ich raus. Beim Verlassen dieser Bar schaute mir eine andere Frau in die Augen. Sie sah wunderschön aus. Und sie fragte: "Nicht gut?" Ich schüttelte beschämend den Kopf und verließ die Bar. Ich rannte um mein Leben zur Straßenbahnstation. Es waren wohl die längsten und eindeutig schlimmsten 10 Minuten meines Lebens in der Hoffnung, ihm entkommen zu sein. Und ich habe es geschafft. Ich war frei. Ich konnte nicht mehr ruhig sitzen in der Straßenbahn und war bestimmt kreidebleich vor Schock und Adrenalin. Ich stieg aus und rannte. Ich rannte geradewegs entlang zum Hauptbahnhof. Das war etwas, was ich wohl so schnell nicht vergessen konnte. Ich rannte zum Gleis, wartete ungeduldig auf den Zug und setzte mich fernab von so vielen Menschen weg. Dort realisierte ich: Oh, ich glaube, das war eine Falschgeldvergewaltigung. Mir war kotzübel, übergab mich aber nicht.

Zu Hause angekommen, war ich dort einige Zeit, zwei Jahre, um genau zu sein, noch sehr verstört. Aber ich hab's geschafft. In diesen zwei Jahren, es als ein Teil von mir zu integrieren und darüber zu schreiben und innerhalb der Therapie meine Vergangenheit zu bewältigen.

Ich lag noch einmal im Krankenhaus, weil die kurzfristige Zeit innerhalb der Prostitution wohl nicht sehr sparsam, was mit

Krankheiten im Sonderverkauf umgeht. Ich nahm gleich zwei zu einem Preis. Tripper und Clamydien. Nicht zum Nachmachen zu empfehlen, denn es tat so schrecklich weh, dass ich fast daran gestorben wäre. Allein durch mein unbedachtes Handeln. Aber ich weiß jetzt, was passiert, wenn mir jemand was über Hurerei erzählt. Denn ich bin ein lebender Beweis.

Menschen sind fehlbar. Und Menschen begehen Fehler. Ich denke wie gesagt noch manchmal an die Zeit zurück, aber will nur noch eins. Mich auf das Hier und Jetzt der Gegenwart zu konzentrieren und mich voller Hoffnung auf meine Zukunft vorbereiten. Ich weiß jetzt zwar immer noch nicht was ich werden will, aber na ja. Vielleicht findet sich ja bald mal etwas Passendes. Ist halt ein Risiko, mit meiner selbst, mit meiner Würde an die Öffentlichkeit zu treten und kein Geheimnis mehr zu hüten. Ich habe meine Stimme und einen zierlichen Mund zum Sprechen. Und Luft zum Atmen in meinen Lungen und Kraft und Stärke im Herzen.

Eine Revolution ist ein grundlegendes Ereignis in der bisherigen Lebensweise. Das ist wohl das Einzige, was ich aus dem Geschichtsunterricht aus der 5. Klasse behalten habe. Und ohne anzugeben. Habe ich schon von meinem fotografischen Gedächtnis erzählt? Wahrscheinlich nicht. Ich freue mich über Anmerkungen, Kritik, Lob und Publicity der gesamten Welt. Hiermit ist mein Buch auch ohne Veröffentlichung ein Bestseller geworden, weil ich meine Klappe endlich mal aufgemacht habe und geschrieben habe, was mich so besonders macht. Meckern auf höherem Niveau. Ja, das kann ich ganz besonders gut! In dem Sinne einen lieben Gruß an alle meine zukünftigen fleißigen Leser und Leserinnen. Habt euch alle lieb und vielleicht trifft man sich ja mal persönlich, weil ich echt mehr verdient habe und auch viel mehr will und kann. Und echt keine

Sekunde mehr mit meinem Leben aushadern will, jemals wieder Schaden anzurichten. Es sei denn, ich befände mich in einer Notsituation, in der ich für mein eigenes Überleben kämpfen muss! Danke an alle!

Versuchsprotokoll aus einem Chemielabor

Mit dieser Anleitung dürfte definitiv gar nichts mehr schief gehen, um in der heutigen Gesellschaft zurechtzukommen und sich ordnungsgemäß eingliedern zu können. Das ist ja mal so was von idiotensicher und verursacht schwere Tränensäcke, wenn es nicht zu ernst genommen wird.

Geteilregeln für aufgezogene Gegenteilkinder:
Fange ich doch mal für das Thema zu Hause an. Der Ort, an dem es normalerweise ist, egal sein dürfte, wie und wann man was macht. Aber das gilt in Krisennotsituationen für alle, die plötzlich verdrehte Zustände daheim wahrnehmen. Das allerbeste Beispiel hierfür ist immer noch, wenn die eigenen Eltern auf einmal in die Wechseljahre geraten und zickig oder so merkwürdig freundlich werden. Abgesehen von den überall hintropfenden schweißgetränkten Spuckeresten, bei feuchter Aussprache, ist doch womöglich noch alles beim Alten. Zur Info: Je mehr Lebenserfahrungen gesammelt werden konnten und sexuelle Höhenflüge im bisherigen Dasein erreicht wurden, umso mehr steigt es bis zum Tod noch einmal stark an. Wundert mich keinesfalls, weil bis dato am besten alles erreicht werden sollte, was das Leben an Potenzial hergab. Aus der resultierenden Alterslangeweile steigt der Blutdruck und die sexuelle Bedürftigkeit. Ist doch lustig, weil schon alles erledigt ist und nach der in Rente gegangenen einkehrenden Ruhe, Sex ein angenehmer Lückenfüller darstellt.

Ist doch alles sehr logisch. So habe ich es zu dem damaligen Zeitpunkt nach dem Tod meiner Mutter auch gesehen. Sie war tot und mit ihr starb mein Herz. Aus feuerrot wurde pechschwarz und ich dachte im Ernst, wenn ich die Tatsache verleugne und viel am Lachen bin, dann geht es mir bestimmt wieder gut. Also das heißt jetzt nicht, dass ich bisher noch keine Tränenmeere vergossen habe, wenn ich dann doch mal traurig war, aber das Lachen schien mir noch als einzig funktionierende Tauglichkeitslösung, um bei der von außen herrschenden Heiterkeit mithalten zu können.

Es ist doch alles gut, wenn gerade die Mutter gestorben ist. Oder nicht? Das haben meine Pflegeeltern ja wirklich so gedacht. Also ich schreibe sie hier gerade echt nieder, aber ich hoffe, sie können diesc Worte mit genügend Reflektion sachlich auf Distanz halten, weil es eher zu einer Fallbeispielanalyse eines Buches mit notiert wird.
Also ja, diese Worte brauche ich gerade, um an dem dicksten Buch der Welt weiter schreiben zu können. In der eindeutigen Hoffnung, dass es wirklich in den nächsten paar Tagen mal fertig ist. Ich bin nämlich wirklich sehr ungeduldig.

Nur, wie schon so oft, lenke ich doch echt permanent vom Thema ab. Ich wollte hier doch auf die Gegenteilregeln eingehen, wie man sich am besten zu verhalten hat, damit alles im Leben so klappt, wie man es sich vorgenommen hat.
Zu Hause wäre dann wohl abgehakt und weiter geht's mit der Eingliederung in ein berufliches Engagement. Bevor ich zur Arbeit gehe, dann wäre Haare kämmen wohl eine sehr aufwendig zerzottelte Zeitverschwendung. Darum eignen sich auch Kurzhaarfrisuren, um ein bisschen länger schlafen zu können. Des Weiteren macht sich ein Hauch von den vergarten Essensüberresten der letzten drei Wochen sehr geruchsfreudig. Also niemals mehr zu empfehlen, sich die Zähne zu putzen. Notfalls gingen ja auch Kaugummis mit reichhaltigem Zuckergehalt. Zum äußeren Erscheinungsbild brauche ich ja wohl nichts mehr sagen. Ich gehe wie gewohnt im Schlafanzug zur Arbeit, weil die olle Berufskleidung noch ungewaschen auf der Leine

hängt und ich keine frischen Kleider mehr im Schrank vorfinde. Mein Schlafanzug sieht sowieso viel schöner aus und ist mit Snoopie und Sternchen bedruckt. Also, kein Grund zur Beunruhigung. Damit auch sonst nichts mehr schiefgehen kann, gehe ich vorher nie auf die Toilette, weil ich die im Halbschlaf eh nie finde und mir am besten einfach in die Hose pinkle, wenn ich die Tür der Arbeitsräume betrete, weil ich vergessen habe, dass ich ja eine pochende volle Blase im Unterleib habe. Für das angenehme Highlight pupse ich einmal laut, damit auch jeder weiß, jetzt bin ich endlich da. Unpünktlich wie auf die Minute genau. Des Weiteren sage ich auf der Arbeit wohl nie meine Meinung, weil meine Stimmbänder von dem Singstarabend vorher noch ganz zersungen sind und mehr als ein Hallo nicht über meine Lippen kommt. Auf Höflichkeit der Kniggeregeln habe ich noch nie einen besonderen Wert gelegt. Statt Hallo empfiehlt sich auch: "Ich habe jetzt aber echt keinen Bock zu arbeiten, weil ich noch zu müde bin." Selbst ein nett zubereiteter Kaffee lässt die miese Laune nicht steigen. Denn der Kaffee wird mal quer über den Boden verschüttet. Upps, das tut mir aber leid. Und an den anstehenden Aufgaben des Tages wollte ich mir gerne mal die Ohren zuhalten, weil ich zwar mein Geld verdiene, aber dafür nichts tun will. Das wurde mir schon so oft vorgeworfen. Ich leide wohl an chronischer Unlust, mich motiviert einzubringen.
Also irgendwann kommt der Punkt und ich habe da auch mal festgestellt, ich will ja gar nicht, dass es mir besser geht. Ich muss mich vielleicht auch ab und zu mal dazu entscheiden, dass es mir gut geht. Und dass solche Gegenteilregeln wohl eher eine absolute Selbstverständlichkeit sind, um nicht außer der Reihe im Graben zu landen. Ich kann ja auch vorher etwas ändern, bevor das Kind in den Brunnen fällt. Wenn ich es denn doch nicht tue, aus eigner Kraft, na dann. Dann brauche ich jetzt auch nicht mehr weiterschreiben. Ne, aber wie jeder weiß,

zum Glück bin ich keineswegs perfekt und es ist der Umgang mit mir selber, den ich danach zu mir pflege, wenn mir doch Fehler geschehen oder die ich durch mein Sagen oder Handeln oder gar beides selber versucht habe. Jeder macht Fehler und ich habe bisher bestimmt schon den Fehlerweltrekord geknackt, weil ich den ganzen Tag leicht unbedacht mit meiner Klugheit um mich her schleudere, ohne Rücksicht auf Verluste und meist den Schaden erst zu spät feststelle.

So viel dazu, wenn's in einem Chemielabor nicht ordentlich zur Sache geht. Boah, ich habe gerade megaviel Bock, in einem Chemielabor zu arbeiten. Das war in der Schule zwar noch nie meine Interessenwelt, aber in meinem Privatleben dafür umso mehr. Ich habe noch so viele Berufswünsche. Ich wollte auch immer schon einmal Chefsekretärin werden und Politikerin und Astrophysikerin, Mathematiklehrerin und ein Forscher und Erfinder. Berühmt bin ich ja ohnehin schon als Schriftstellerin und kunstbegabtes Wesen dieser Erde. Und, und, und. Und? Wen interessiert das alles? Ich hoffe mich selber, weil es ja um mich geht. Warum liebe ich es zu schreiben? Ich liebe es darum so gerne, Texte zu verfassen in meiner eigenen geballten Wortausdrucksgewalt, weil ich so ehrlich sein kann, wie ich will. Ich brauche endlich mal kein Blatt mehr vor den Mund zu nehmen und schreibe alles auf, was ich so denke. Das befreit und ich nehme mir aufmerksam die Zeit für mich. Zeit, um mir die Hand zu reichen und um hinzuhören, wie es mir geht. Ich bin wichtig und deswegen ist es wohl sehr wichtig, dass ich in einer schriftlichen Reflexionsbestandsaufnahme immer mal wieder nachfrage, wie es mir so geht. Und ich notiere, was ich an Träumen, Wünschen, Kritikpunkten, Lob und Ideen habe. Muss alles festgehalten werden. Anders geht es nicht.

Übrigens hat mich meine psychologische Psychotherapeutin darauf gebracht, mich mal hinzusetzen und mal zu denken. Sie hat mich da echt mal ausgeschimpft und meinte, ich ziehe wohl sehr viel Aufmerksamkeit auf mich. Hier laufe ich mit einem Kuscheltier durch die Gegend, da nehme ich eine gesamte Reisetasche mit, hier trage ich wieder Windeln und, und, und.
Letztendlich hatte sie recht. Ich stifte wirklich eindeutig zu viel Chaos und vermeide das eigentliche Problem sehr gut. Wenn ich es denn wirklich mal vorhabe, mein Leben vernünftig zu gestalten, dann brauche ich Durchhaltevermögen. Am besten eignet sich noch, wenn ich Montag noch zur Arbeit gehe und ab Dienstag die nächsten 10 Jahre Urlaub einreiche. So geht das ja nun leider auch nicht.
Jeden Tag habe ich auf ein Neues die Chance, mich und mein Können unter Beweis zu stellen oder mich einfach mal zufrieden zurückzulehnen. Meine Arbeit tue ich guten Gewissens so gut ich kann und frage bei Schwierigkeiten um Hilfe. Und vergesse das Mitteilen meines Vorgehens nicht.
Und ich gehe jeden Tag außer Haus und kehre immer wieder zurück. So ist das Leben. Würde ich nie losgehen, dann kann ich auch nicht erwarten, dass ich jemals mit einem Ergebnis zurückkehre. Das übliche Prinzip der Polaritäten. Mathematisch gesehen, kann ich ganz gut damit. Wirklich ernsthaft wird es erst, wenn's um die Emotionen geht. Mit einer Sachlichkeit anwesend zu sein, das ist doch auch sehr toll. Ich habe gar keinen Bock mehr, ein Mensch zu sein. Nein. Ich bin ein Stein und ein Roboter mit aufgemaltem Herz. Wenn mich die Welt so haben will, dann bitte. Kann sie haben. Funktionierend, an Schnüren gehalten, wie eine Marionette, beschreite ich mein Leben. Wohl sehr ferngesteuert, aber ohne Leben, wenn die Schnüre einst fallen gelassen werden. Wo bin ich denn? Ich spüre mich nicht. Mein Körper ist nicht bei mir und ich schwebe irgendwo umher, und finde mich nie wieder. Das geht mir

auf den Geist.
Und suizidieren geht nur einmal. Einmal, aber dafür endgültig. Was ist eigentlich mein Problem? Kann mir mal jemand welche nennen? Weil mir die Eigeninitiative ausgeht, selber noch großartig welche zu erfinden. So ein Mist aber auch. Ich bin ja ganz in Ordnung, so wie ich bin! Mit und ohne Probleme. Denn wie jeder Vollidiot weiß, für jedes Problem gibt es auch eine Lösung. Aber was mein Superhirn wohl nie kapieren wird, ich kann mich doch einfach mal entspannen, wenn das Nichts mich umgibt und ich mich mal ausfüllen sollte, mit Dingen, die mir guttun. Bilder malen, an die frische Luft gehen. Den Augenblick wertfrei genießen.

Ach wie schade, dass ich jetzt noch am Leben bin

Genau vor 4 Jahren war ich zum selben Datum auch schon mal in eine geschlossene Station gesteckt worden. Auf Paragrafengesetzesgrundlage, dass eine Eigengefährdung in dieser Welt untersagt ist. Der 10. Juli. Ein so wunderschöner Tag zum Sterben. Und ich habe den Suizidversuch überlebt. Damals vor 4 Jahren. Wobei ich dem Tode so nahe war, wie schon selten nicht mehr. Also bitte, wer mir vorwirft, ich will ja nichts, dann könnte ich alle erschlagen. Hallo? Was soll das denn heißen? Ich will nicht. Also wenn ich "Ja" zum Leben sage, dann wollte ich wohl doch, dass meine Mutter starb? Nein, wenn ich ja sage, dann nur als Befehl zur Verdrängung, meines bewussten Daseins. Bekomme ich keine klaren Ansagen, dann läuft nichts mehr. Kein Wunder, dass ich so ein leicht zu kriegendes Opfer bin, was ja zu unfähig ist, sich zu wehren. Scheiße, wenn Mütter einem mit den Worten zurücklassen: "Es wäre besser gewesen, wenn es dich und deinen Bruder nie gegeben hätte!" Das saß. Schön. Also ich bin weder erwünscht, noch habe ich eine Berechtigung zum Leben. Aber wenn ich mich diesen Worten widersetzte, dann sage ich immer nur ja. Weil, wenn ich nein sage, dann habe ich wohl ein echtes Problem.

Ich fühle mich schlecht, wie sonst in keinen anderen Momenten. Wenn ich nein sage, dann zerbricht eine Welt für mich. Habe ich überhaupt eine Wahl? Habe ich noch eine Chance zum Überleben? Dass Einzige, was mir eine wahrhaftige Chance geben kann, das bin ich selber. Ich halte das Seil selber in der Hand. So eng um meine Handgelenke geschnürt, dass der Puls meines Herzschlages nur in wirklichen Ausnahmesituationen noch zu messen ist.

Nie. Ich hasse diese blöden Entscheidungen. Lieber befinde ich mich bewegungslos auf meiner neutralen Nulllinie, ohne für

mich selber oder gar anderen Menschen eine potenzielle Gefahr darzustellen oder ich bin so lieb und hänge an den Fäden einer ferngesteuerten Marionette oder ich rebelliere, und zerschlage mit meinem kleinen Finger alles, was mir zwischen die Finger kommt. Was ist denn jetzt das Richtige von den drei Auswahlkriterien, wenn die Welt da draußen anscheinend keinerlei Verständnis für Kranke und andere Menschen aufbringen kann?
Ja, ich bin wohl sehr außergewöhnlich und dadurch so individuell, dass ich so einmalig bin, dass es wohl egal ist, ob ich es verdient habe, wirklich zu leben. Ich wünschte, mir würde jemand die neue Berechtigung dazu geben. Mich anschreien und an die Wand schmettern: "Du darfst leben! Und du hast verdammt noch mal keine Schuld, dass deine blöde erziehungsunfähige Mutter gestorben ist!" Höre doch endlich auf, dich ständig selber zu bemitleiden und fange an zu leben! Denn wer kann es besser als ich? Das kann nur ich, oder? Warum sagen mir das andere Menschen denn nicht mal direkt ins Gesicht? Die haben wohl alle Angst um mich, dass ich danach eine Reaktion zeigen könnte und zusammenbreche. Da sage ich: "Danke!" Und liebe mein Gegenüber für seine Ehrlichkeit, mir alles um die Ohren zu knallen, was ich gar nicht hören will.
"Du hast hiermit die offizielle Erlaubnisberechtigung, für immer leben zu dürfen und Spaß zu haben! Lebe und genieße die Zeit. Jeden einzelnen noch so wertvollen Moment, um zu dem Menschen werden zu können, der du sein willst!" Ich wünschte, ich könnte es hören. Ich will es zu hören bekommen. Diese Worte. Denn Worte haben eine Stärke an Macht, die ich sehr liebe. Mit 11 Jahren war ich wohl noch ein Kind. Und Kinder legen gerne alle Wörter auf die Goldwaage. Das tat ich in dem Fall auch. Allerdings würde mir zu 100 % jeder Therapeut sagen: "Erlauben Sie es sich doch selbst!" Wer kann es denn für Sie tun oder wer würde es für Sie tun, wenn Sie es nicht einmal

selber machen? Ergibt schon Sinn, weil, wie können mich andere Menschen lieben, wenn ich mich selber nicht liebe?
Die wortgeballten Ausdrücke, die wurden mir mit 11 Jahren aber von außen zugeworfen und es waren wohl keine netten Worte, um damit leben zu können. Wie denn auch? Auf wen sollte ich denn hören, wenn nicht auf meine eigene Mama? Ich bin in meinem Unterbewusstsein immer noch der wahren Überzeugung, dass ich wohl keine genehmigte Daseinsberechtigung habe.

Viele wollen mir helfen, aber viele sagen, dass sie mich nicht verlassen werden und immer noch da sind, aber dann lügen sie mich doch alle nur wieder an. Was soll's? Also wenn mir von außen niemand eine neue dagegenzusetzende Wiedergutmachung meiner schrotten Seele erteilt, dann brauche ich mein Leben nicht mehr. Mir doch egal und ich werde so lange gegen alles angehen, bis ich diese Worte gehört habe.

Meine absolut allergrößte Angst ist es, zu vertrauen und nicht aufgefangen zu werden. Mich an die Wahrheit zu halten, mitzuarbeiten und doch wieder verlassen zu werden. Kein Wunder, dass so viele Menschen eine Hasskappe aufsetzen, um in der Traurigkeit der Verletzlichkeit, nicht noch mehr Schaden zu nehmen. Ich verletze mich nicht mehr. Ich trinke nicht, ich nehme keine Drogen, ich kiffe nicht und ich gehe nicht in den Puff. Und hier in der geschlossenen Station, komme ich so schnell nicht heraus.

Lebenden Menschen steht eine Stimme zu. Mir bisher noch nicht, weil ich in mir selber existiere und nicht viel mehr als aneinandergereihte Worte und Schrifttexte verfassen kann. Meine Wut wird schnell missverstanden. Wenn ich mich wirklich zeigen will, wie traurig und verlassen bin ich wirklich?

Aufgrund der Tatsache, dass ich ein superintelligentes Wesen bin und hochkomplexe Zusammenhänge relativ schnell erfassen kann und mich mit gesellschaftlichen Tagesstrukturen schnell mal verzettele.
Mein Kopf schwirrt von Überschwemmungen von mittelprächtigen vulgären Ausdrücken. Den Schein und mein Lachen von außen zu sehen, das ist keine Kunst. Ich lache wirklich viel und manchmal auch gerne, aber es geht nicht ohne mein Gegenstück. Meine Trauer. Meine Trauer, die bisher erlebten Verluste zu verkraften, um damit weiterleben zu können. Also vergieße ich selten echte Tränen.
Hallo. Die spinnen allesamt. Ich bin gesund, nur noch nicht erwachsen. Das ist alles. Ich bin seit dem Trauma mit 11 Jahren wohl nicht mehr innerlich gewachsen, weil mir die Erlaubnis, verbal gehört, von der Außenwelt fehlt. Bekomme ich diese nicht, dann ist es ja auch nicht weiter schlimm, wenn ich mich verletze. Wen interessiert es denn noch? Mich, denn ich habe mich bewusst gegen alle schädlichen Sachen entschieden. Und habe meine ganz eigene individuelle Methodik dazu entwickelt mit meinem eigenen Spannungsregulationskillsystem, Hilfe zur Selbsthilfe gewährleisten zu können. Ich bin bisher mit der analytischen Vorangehensweise nicht einmal rückfällig geworden. Und es versteht mich immer noch kein Mensch. Wer liest meine Worte so achtsam, dass jemand vielleicht mal auf Idee kommt, nach dem Warum zu fragen? Warum bin ich mit 23 Jahren ein kaputtes Wrack? Die Wut im Bauch ist mein Ersatzschutzgefühl, um nicht noch trauriger zu werden. Traurig war mein Leben schon genug. Jetzt fehlt nur noch ein wenig Sonnenschein. Der Sommer meines Lebens. Dann habe ich bestimmt alle Jahreszeiten durch und kann wirklich für immer leben. Nur wer hört mir einfach mal zu? KEINER? Anscheinend bin ich wirklich der einzige Mensch in der Welt, der noch weiß, was überhaupt im 21. Jahrhundert hier los ist. Und Wut

ist ein liebes Gefühl, wie Freude, Trauer, Angst, Schuld, Scham und Ekel. Allerdings sind Depressionen bei Frauen eher gesehen als bei Männern. Männer haben genauso eine Berechtigung zu sagen, wenn es ihnen nicht gut geht. Das Einzige was Mann und Frau wirklich unterscheidet, ist der Penis und die Vagina. Ist ein Mann also nicht mehr stark, wenn er eine weibliche Vagina hätte, um damit eine Chance zu haben, Schwäche zeigen zu dürfen. Sind Frauen die nur 1,60 m groß sind, wirklich als minderwertig anzusehen, weil sie zu klein sind und ihre Größe dafür anderswo einsetzen? Ja, ganz ehrlich? Wie seht ihr das denn? Vermutlich schauen einige oder erst mal alle weg. Viele, die das jetzt lesen, die werden das Buch bestimmt erst einmal in die Ecke feuern, was auch okay ist. Bis der eine oder andere sich mal eingesteht, kein Mensch ist perfekt und wird es auch niemals sein können. Und Wut ist nicht gefährlich. Vor der Wut und den Grenzen eines Menschen braucht niemand Angst zu haben. Denn Wärme ist ein angeborenes biologisches Grundbedürfnis, wonach sich alle Menschen sehnen. Stimmt's oder hab ich recht! So wenig an Liebe ein Mensch auch bekommen hat, der menschliche Sexualtrieb ist immer und überall vorhanden. Warum sonst würde es in der heutigen Zeit so viele Vergewaltigungen geben? Warum sonst werden kleine unschuldige Kinder missbraucht? Da gibt es genügend Beweismaterial in der Bibel. Wow. Dass ich darin wirklich noch einen Funken Wahrheit finden konnte! Darüber bin gerade selber sehr verblüfft.

Wodurch entsteht Wärme?
Das ist nicht schwer herauszuschreiben. Etwas komplizierter in realer Umsetzung, aber mit einigen Anläufen, über diese Hürden zu springen, auch zu bewältigen. Wärme entsteht durch Reibung. Eine kleine Übung zum Nachmachen. Reiben sie Ihre Handoberflächen so schnell wie möglich aneinander und spü-

ren sie die entstehende Hitze. Fühlt sich bei Minusgraden im Winter besonders toll an. Habe ich echt lange nicht mehr gemacht. Oh, da freu ich mich schon auf den Winter. Oh, wie toll, ich kann's kaum noch abwarten, weil der Sommer hier in Norddeutschland nicht allzu prächtig wärmend ist.

Diese Wärme entfacht Feuer. Wenn sich beide Seiten darauf einlassen, dann haben beide etwas davon. Manchmal ist so ein Feuerwerk der Wärmeinstallation eine explosive Rettung von Leben. Nur komischerweise trauen sich alle, mich wahllos anzuschreien, aber merken gar nicht, dass ich das nicht will. Angeschrien werden oder mit Gewaltandrohungen. Existenzbedrohungen, Liebesentzug oder das Verlassenwerden, nur weil ich ein Gefühl berechtigter Wut in meinem Bauch trage, und mir keiner helfen will, das einmal mit mir auszusitzen, nein da hauen alle ab. Als ob Menschen, die ohnehin schon verkrüppelt sind, noch in der Lage wären, einen Schaden anzurichten, wenn ich mich alleine dagegen entschieden habe. Das will ich nicht. Ich habe mich lieb und will leben. Samantha auf jeden Fall. Nur etwas schwierig, ohne andere Menschen. Es laufen alle immer nur vor mir weg? Warum eigentlich? Wenn's wirklich schwierig ist, wer ist dann noch da? Mein eigenes Dasein. Ich bin da! Ich kann dann am besten auch mal nach Hilfe fragen und diese versuchen, auch mal anzunehmen. Warum ist streiten verboten? Es ist doch gut, wenn Menschen wütend sind. Das kurbelt den eingebauten Energiekreislauf an und das Gegenüber findet Grenzen. Bei mir wurden schon Abertausende überschritten. Deswegen bin ich ganz vorsichtig, wem ich mich noch zeige. Wer lässt sich darauf ein? Wer hilft mir, meine Gefühle mit mir auszuhalten. Eine geschlossene Klinik, ohne Privatsphäre? Dann sollen die mich mal zum Weinen bringen und mich austesten. Vielleicht will ich doch noch einmal fixiert werden. Bisher habe ich mich strikt geweigert, fixiert zu werden, aber vielleicht schadet es gar nicht, keinen freien Willen mehr zu besitzen? Allerdings denke ich mir, ich könnte mir meine Superkräfte auch noch aufheben und so leblos weiterleben wie bisher. Das ginge auch, weil, was soll ich denn tun, wenn ich später einmal in eine Gefahrensituation gerate? Dann kann ich alles überleben, was ich will. Das klingt doch auch nicht mal so schlecht. Weil leben will ich ja schließlich. Nur ich kann nicht leben, sofern ich überall noch meine Mutter suche und nicht verstehe, dass sie tot ist. Das ist ein echt schlechter Witz! Das kann gar nicht sein. Ich hatte auch schon einmal vor, Grabschändung zu begehen. Ein schlechter Zukunftsplan, sofern ich nicht selber mit ins Grab fallen will und am Ende doch noch lebendig begraben werden will. Wenn doch, dann sollte ich mal anfangen, meine Mutter auszugraben. Ich liebe wohl verweste Leichenüberreste. Und nachher stelle ich noch fest, dass kein Skelett mehr da ist? Was dann? Dann würde ich explodieren? Vielleicht würde es auch helfen. Dann könnte ich endlich mal weinen. Boah, ich bin voll. Voller als voll und bin noch nicht einmal betrunken. Einen so hohen Promillewert zu erreichen, das ist wohl ein Tatsachenbestand eines schriftlichen Hilfeschreies. Ich kann nicht mehr. Anderseits, wenn ich mir meine Superkräfte aufhebe, dann habe ich vielleicht keine Kraft mehr, um am Leben zu bleiben und es würde im Suizid sein Ende nehmen. Auch keine sonderlich tolle Aussicht. Ich will jetzt mal mutig sein und Grenzen austesten. Ich will leben und nicht untergehen. Hilfe!

Wenn ich verbal nicht so redegewandt in einer verständlichen Ausdrucksform wahrgenommen werde, dann hoffe ich auf die Chance, dass die passende Person, im passenden Moment dieses Schriftwerk lesen wird. Und einfach da ist, wenn ich wieder fühlen kann. Ein kleines Kind, das hat in vielen Fällen eine intakte Familie mit Struktur und Eltern, die es auffangen. Wenn ich mich fallen lasse, werde ich dann auch aufgefangen?

Oder wie hart ist der Aufprall? Tut's sehr weh?
Da bin ich mal gespannt, auf was ich mich noch vorbereiten muss. Ich bin mir nicht sicher, ob ich das hier mitmachen kann? Komme ich hier denn wieder heraus, wenn ich mich einmal in meinem Leben nicht anpasse und mich zeige? Bin ich auch erwünscht? Ich hoffe doch. Bin ich auch ganz wirklich erwünscht, wenn ich alle Gegenstände durch die Klinik fliegen lasse und herumschreie und bockig bin? Das wäre ja zu schön, wenn's einfach so okay ist. Nur die Wärme spüre ich nur von innen, kann sie aber schwerwiegend nach außen transportieren. Dafür leide ich zu sehr unter Kontrollzwängen, die es gerne verhindern, jemals wieder in so eine unkontrollierbare Situation zu geraten. Irgendwie will ich das, traue mich gerade aber selber nicht. Hilfe! Ich bewege mich kein Stück voran. Einen Wutanfall, das fehlt mir noch. Den hatte ich bisher noch nie bekommen. Geht das auch bei mir? Wann darf ich mich zeigen? Wann ist es sicher genug? Hallo? Die spinnen hier im Übrigen, die wollen mir keine Pampers mehr zum Anziehen geben. Stattdessen soll ich alle zwei Stunden auf die Toilette gehen. Egal ob ich muss oder nicht. Was soll das? Das wollen die mir hier abgewohnen. Training, darauf kann ich auch verzichten, dass schaffe ich auch noch alleine. Ich mag die hier nicht. Nehmen mir alles weg, was zum Leben wichtig ist und die Umstände sind nun wirklich sehr fatal. Hier gibt es keine Einzellzimmer, keine Badezimmer mit abschließbaren Türen, keinen Duschsichtschutz. Wozu trage ich hier eigentlich noch meine Kleidung? Das ergibt nicht so viel Sinn. Oder? Wenn es keine Intimsphäre gibt, dann laufe ich hier als Nächstes nackt über die Station und schreie herum: "Ich hasse Klamotten und bin frei, wenn ich nackt bin!" Sich emotional nackt zu machen, das fällt mir so unendlich schwer! Da habe ich echte Hemmungen. Also, wenn ich mich trauen würde, nackt über die Station zu tanzen, dann kann ich auch offen und ehrlich über alles re-

den. Das kann ich doch. Ich muss nur reden. Und sagen, was ich hab. Weil mein Kopf mit einer Hautschicht umgeben, mein Gehirn verschlossen hält und das Gedankenlesen sehr missverständlich enden könnte. Die anderen sind doch wohl keine Hellseher, weil sonst renne ich gleich schreiend davon, weil das wäre mir nun echt zu spukie.

So was nun? Ich brauche einen Atemzug und Luft und Hoffnung. Vertrauen und den Sprung ins kalte Wasser, ohne Untergang. Wer rettet mich? Wen kann ich auf die Probe stellen? Ich bin ja nun wirklich ein sehr gemeingefährlicher Mensch. Ja, ich habe heute Morgen mein Kuscheltier mit zu meinem Frühstücksplatz genommen. Und? Es hat doch niemanden geschadet. Oder etwa doch? Es ist nur ein Ausdruck meines Nachholbedarfes. Die wollen es mir untersagen, weil ich erwachsen bin. Und Erwachsene anscheinend kein Recht auf Leben haben. Die nehmen mir mein Kuscheltier weg, dann spritze ich hier gleich mit vollgetränkten Blutpistolen herum, weil ich mir versehentlich die Pulsadern aufschnitt. Tut mir ja echt leid. Mich stört es nicht, ein Kuscheltier überall mit hinzunehmen. Nein.

Sonst könnte es doch auch schon Gefängnisse für Kinder geben, deren Kindheit zu Unrecht gestohlen wurde. Ich hoffe doch sehr, dass alle Mütter dieser Welt jetzt weinen, weil sie ihre eigenen Kinder lieben und kranke links liegen lassen. Jemandem die Hand reichen. Sich nach Streit wieder versöhnen. Hat alles einen auch sehr geschichtlichen Hintergrund. Ich schreibe hier wohl sehr revolutionäre Schriftzüge. Die alle längst vergessen haben. Na ja. Ohne meine Stimme bleibe ich wohl noch etwas taubstumm und kann nicht anders, weil ich nicht darf. Ich darf nicht leben? Dann darf mich auch keiner sehen? Nein, nein. Aber ich bin echt liebenswert. Ganz wirklich und ich lache viel und wirke sehr sympathisch auf andere

Menschen. Also? Wer reicht mir seine rettende Hand? Keiner. Dann nicht, dann bestellt mir schon mal einen Sarg und bereitet die Abschiedsrede meiner eigenen Beerdigung vor! Wenn die anderen mich nicht verstehen wollen, dann haben die selber schuld. Ist nicht mein Problem. Ich verstehe mich ja schließlich, weil ich sonst wohl niemals das dickste Buch der dicksten Bücher schreiben würde.

Dann wende ich mal meine Spezialtricks an und jage die nächsten Atombomben in die Luft. Ist bestimmt sehr lustig mit anzusehen. Das ist ja eine echt supertolle Zukunftsperspektive. Voller Hoffnung. Hier wären jetzt zynische Bemerkungen angebracht. Und hier, hier tut es keiner.

Ich habe in der Schule mal ein Gedicht über meinen wildesten Traum geschrieben:

Mein wildester Traum

Wenn ich wüsste, was ich will,
wäre ich jetzt bestimmt nicht hier.
Würde ich sagen, was ich kann
Und fang` mit ner` Karriere an.

Würde mich ins Leben einchecken,
niemals mehr verstecken.
Könnt mit Selbstvertrauen
Meine Zukunft aufbauen.

Hätte Hoffnung, neu zu beginnen.
Könnt` den Kampf vielleicht gewinnen.
Diese Zeilen enden wie das Überleben.
Doch dies wäre wohl sehr übertrieben.

21.02.2013

Ich habe etwas gefunden, was mich interessiert

Hier, das muss ich euch unbedingt jetzt mal erzählen. In den Räumlichkeiten der Ergotherapie lag ein Schülerduden mit Fremdwörtern herum. Nachschlagen, verstehen und anwenden. Habe ich gemacht und es war so lustig. Ich habe bei dem Wort Petersilie erst einmal einen amüsanten Lachkrampf bekommen. Steht bei P einfach Petersilie als Fremdwort mit drinne.
Worauf ich aber im Eigentlichen hinausschreiben wollte, ist der Sinn in dem Buch. Wer braucht heutzutage noch ein Kniggebuch, wenn es auch bestimmte Fremdwörter tun, um die Welt in dem Ausmaß verstehen zu können, wie sie ist. Vulgäre Ausdrücke zu benutzen, um jemandem seine Unzufriedenheit und Aggressionen an den Kopf zu ballern, ist durchaus eine Form der Anwendung.
Ich stehe allerdings nicht so sehr darauf, da es naheliegende ABC-Waffen auch tun. ABC ist ein festgelegtes Fremdwort für: Die Sammelbezeichnung für atomare, biologische und chemische Waffen.
Abgefuckt kann als Beleidigung höflicher Art geäußert werden. Heißt übersetzt in üblem Zustand, heruntergekommen. Mir wurde damals auch meine Vertrauenswürdigkeit abjudiziert (abgesprochen), indem mir als Kind zu viel Verantwortung gegeben wurde und ich mit plagenden Schuldgefühlen alleine gelassen wurde.
Mein ABS ist stark ausgeprägt. Das ist nicht schwierig, wofür diese Abkürzung wohl stehen mag. ANTIBLOCKIERSYSTEM: Wenn mich keiner für voll nimmt, dann schalte ich einfach auf stumm!
Meine Absolution (Freisprechung, Sündenvergebung) endet im ABC-Alphabet des letzten Buchstabens mit Z und führte mich auf grandiose Nachforschung zu projizieren.
Ich heiße JULIA ZEISS. Jeder Mensch besitzt hoffentlich ei-

nen Vornamen sowie einen Nachnamen. Es sind alles zusammengesetzte Buchstaben, die alle mit bestimmten Fremdwörtern hinterlegt sind. Beschäftige ich mich nach der Suche meiner Identität, dann fange ich bei J an und entschlüssele deren Wortbedeutung. So kann ich darauf beziehen, was mich mit meinem Namen ausmacht. Den Buchstaben S in meinem Nachnamen zu tragen, das finde ich besonders toll. Da sind viele Fremdwörter vorhanden, die mich mit ganz vielen Menschen dieser Welt zu Verbündeten macht. Alle, die denselben Vornamen tragen wie ich, die sind mir wohl bestimmt sehr ähnlich. Was ich aber so besonders faszinierend fand, dass meistens die Leute, die sich mit ihrem Namen noch keineswegs so intensiv beschäftigt haben, dass die meistens in den passenden Berufen ihre Talente mit den Fremdwörterzuschreibungen ihrer Fähigkeiten besitzen. Bei mir ist es ebenfalls so. Auch wenn ich es erst nicht glauben wollte, aber doch es stimmt sogar. Unter J sind viele Journalisten zu finden. Und ich bin ja zum Glück schon einer. Und ein Junkie ja auch. Dann unter H finden sich die Hard Skills und unter S die Software, der Soft Skills und den einfachen Varianten. Unter S sind auch viele Sexbegriffe nachzulesen, die ich allesamt gelb angemarkert habe, weil Sex biologisch zur Aufrechterhaltung der Menschheit gehört. Und sich Psychologen mit sexuellem Kindesmissbrauch auch weitreichend über Sadismus etc. auskennen sollten. Sonst käme ja jeder Schwerverbrecher einfach so davon. Die sollten alle in die Debatte eines Gerichtshofes geladen werden, um einmal angehört zu werden.

Die Penetranz in einer ungerechten Welt wie dieser, lässt mich mit Fremdwörtern Leute auf formale Art und Weise abschieben, die mich auch nur im Geringsten versuchen zu ärgern. Das hat bei mir kein Durchdringen mehr verdient. Da übernimmt meine mir überlebenswichtige Ablation die Führung. Als Bastard können andere weiterhin bezeichnet werden. Aber auch nur dann, wenn es eine wahrhaftige Ursache hat. Dazu ist eine Adverbialbestimmung im Voraus notwendig. Erfolgt diese nicht, dann ja. Dann ist es einfach nur ekelhaftes Sozialverhalten, fehlender Manieren von herzenswärmender Menschlichkeit. Ich nehme das Leben als eine Art Affirmation für mich an. Ich habe es verdient zu leben und beschließe es mit versiegelungsfesten Worten selber. Es steht schwarz auf weiß geschrieben und ich kann es jederzeit lesen. Ich bin auch wohl ein Newcomer, der gerade am Anfang seiner genialen Schriftstellerkarriere steht. Im Zores stehe ich so überwiegend die meiste Zeit. Zores heißt Wirrwarr/Ärger. Und ich weiß ganz genau, bei meiner schon vorhandenen Suchterkrankung halte ich mich besser von Menschen fern, die zytotoxisch auf mich einwirken. Ich umgebe mich lieber mit Menschen, die mir am Herzen liegen und ich weiß, es lohnt sich, manchen von ihnen meine Hand zu reichen, aber auch selber auf mich zu achten, wenn ich merke, dass der Händedruck einen so starken Überdruck annimmt, dass ich mir besser selber erst mal wieder Unterstützung suchen werde. Um Hilfe fragen, das ist wichtig.

Ich will einfach nur nach Hause

Boah, mir geht der ganze Kram hier so auf die Nerven. Da ich ja ohnehin schon völlig "krank" bin und damit anscheinend einen offiziellen Berechtigungsschein besitze, dass ich ein Fall zum Wegsperren bin, geht es mir im Augenblick echt scheiße. Mir wurde mit auf den Weg gegeben, mir eine Auszeit zu nehmen. Um ein wenig Ruhe zu finden. Sehe es als Urlaub an. Wenn ich das hier als Urlaub für mich annehmen würde, dann würde ich bestimmt freiwillig schon eher in den Knast wandern. Da wäre der Urlaub bestimmt noch ein wenig erholsamer. Findet ihr nicht auch?

Sorry, ich bin derzeit etwas latent aggressiv. Nicht weil ich es unbedingt auf diese Weise äußern will, sondern ich schlau genug bin, mich zu zügeln. Ticke besser nicht aus. Sonst gibt's erst richtig Ärger.

Wisst ihr, ich bin so stinksauer, dass ich am besten nie wieder duschen gehe, um meinem eigenen Gestank noch die passende Duftmarke verleihen zu können. Das ist so unglaublich spaßig, da fall ich vorher schon um, bevor ich mich noch im Spiegel ansehen kann. Es sind hier wahre Schriftwörter meines individuellen Erlebens in einer geschlossenen Klinik. Ich weiß, dass ich krank bin. Kann mir aber auch schon ganz gut alleine helfen. Ein Kind, das mit 11 Jahren eine tote Mutter im Sarg liegen sieht, das braucht danach wohl nichts mehr zum Leben. Das ist dann auch schon vorbei, bevor ich überhaupt damit angefangen habe. Tolle Zukunftsperspektive. Die Allerschönste, die ich jemals glaubte gehabt zu haben. Ich muss dem inneren verletzten Kind wohl selber Mut zusprechen, es darf leben. Und sofern ich von außen keine offizielle Bestätigung erhalten habe, dann darf ich innerlich unsichtbar weiterleben. Vielleicht war es ein Fehler, mich so zu zeigen, wie ich wirklich bin? Dass ich vor Wut Gläser zerschmettere. Selber schuld, wenn keine Plastikbecher zur Verfügung stehen. Wäre ja auch nur halb so spannend gewesen.

Gehe ich doch gleich mal weiter in die direkte Offensive, mich schriftlich komplett auszukotzen. Besser, als wenn ich einmal quer über den Erdball renne, um überall Raketen in die Luft zu sprengen. Ich hoffe, ihr bekommt jetzt mal richtig Angst vor mir. Schauergeschichten bei helllichtem Tage. So gruselig, dass es definitiv eine tolle Lösung ist, mich als Menschen mit Betäubungsmitteln vollzupumpen. Ja. Ich halte besser so schon die Klappe. Ich finde reden eine zu mühsame Beschäftigung, um mich damit ernsthaft abgeben zu wollen. Also. Ich schweige. Ich sage nichts und verkrieche mich in meinem inneren Palast voller amüsanter Freude anderen Menschen mit meiner überdurchschnittlich hohen Intelligenz überlegen zu sein. Reden tue ich nicht gerne, verhalte mich dafür ausgesprochen viel wie ein arrogantes Miststück. Immerhin etwas. Ein Talent muss es doch auch für mich noch geben. Sonst fange ich gleich an zu weinen oder begehe Suizid.

Wenn ich richtig Agro bin, dann denke ich die meiste Zeit immer nur an Sex. Sex beruhigt und baut Stress ab und schüttet gleichzeitig Endorphine aus. In einem 4-Bett-Zimmer wird es allerdings leicht problematisch, sich selber zu befriedigen. Ich will ja niemanden stören, wenn ich ins Stöhnen der Lust gerate, um dadurch noch überhaupt etwas Freude am Leben zu finden. Was haltet ihr von Masturbation? Ist das okay? Also, auch Frauen haben wohl sexuelle Gelüste. Ich zumindest. Ist das normal? Ich habe schließlich keine Mutter, die mir diese Fragen beantworten kann. Also müsst ihr das jetzt tun! Macht ihr das auch? Warum redet da niemand drüber? Ich habe keinen männlichen Partner an meiner Seite, aber des Öfteren Hormonschwankungen.

Wenn ihr mir nicht eure Meinung dazu sagt, dann schreib ich nie wieder Bücher für euch zum Lesen. Und das, meine lieben Freunde, würde ich mir gründlich überlegen, denn ich habe einen ganz expliziten wundervollen Schreibstil für jedermann und Frau. Also, fühlt euch zu nichts gezwungen oder unter Druck gesetzt.
Und erschießt mich einfach, wenn ihr ein Problem mit meiner Provokation habt. Dann brauche ich mich zum Glück nicht selber ermorden.
Vielleicht ist das wohl ein gravierender Hauptgrund für meinen Aufenthalt hier. Die abnormal hohe Suizidrate, um dann doch zu beschließen: "Ich will leben und entscheide mich für das Leben und gegen den Tod!"

Noch mal auf das eine Thema allen Ursprungs der schmerzhaften Tatsachen zurück. Ich war 11 Jahre alt. Die Worte meiner Mutter zur Verabschiedung brauche ich euch ja nicht ständig wiederholen. Zur Sicherheit tue ich es trotzdem. Sie hat zu mir gesagt: "Es wäre besser gewesen, wenn es mich und meinen kleinen Bruder nie gegeben hätte."

Uff … Und nun. Ich will doch leben. Und bin jetzt 23 Jahre alt. Rein biologisch mit einem weiteren Zellverfall des üblichen Prozesses.

Differenziert betrachtet explodiere ich gleich komplett. Ich bin so wütend. Das glaubt ihr gar nicht. So wütend wie eine farbengebündelte Bombe, die gleich an die Wand geschmissen wird und ein Graffiti hinterlässt. Sieht bestimmt sehr bunt danach aus! Und jedenfalls alles nicht mehr so kahl und steril wie ein hässliches Krankenhaus, ohne Bilder an den Wänden und zahnarztartigem Licht auf den Fluren.
Und so wie die Kabinen im Fitnessstudio, wo sich auch alle

Frauen nackig machen können, aber zumindest noch eine wärmende Sauna im Raum nebenan eingebaut ist. Ne, das wäre schon fast wie im Hotel und zu schön, um wahr zu sein. Vom Hörensagen soll es aber tatsächlich noch bescheidenere Zustände zu finden geben, als hier. Da wurde mir von abgeraten, mich dort jemals einweisen zu lassen. Ich werd es mir merken und mich hoffentlich guten Gewissens davon abwenden können.

So jetzt mal ab ins Eingemachte. Innerhalb eines Traumas ist ein Mensch der Situation hilflos ausgeliefert. Ein Überfluss an Informationen, Reizen und Gefühlen. Das wird zunächst durch den eingebauten Überlebenswillen zurückgestellt und das Sortieren des Erlebten erfolgt meist irgendwann später. Wenn überhaupt. Zum Eigentlichen geschieht ganz vereinfacht einmal anschaulich dargestellt ein Adrenalinschock. Dadurch wird das bewusste Erleben der Situation einmal schockgefrostet und rein intuitiv gehandelt. Viel Zeit zum Denken bleibt leider keine, weil entweder leben oder sterben. Also fängt ein Mensch automatisch an zu flüchten oder zu kämpfen. Je nachdem was sich gerade besser eignet oder je nach Charakter, welche Stärken vorhanden sind.
Die daraus resultierenden Schlüsse, die Entscheidungen, wie das Leben ab nun weitergehen kann, die sprechen innerhalb der nächsten Tage oder Wochen oder Monate auf einen ein. Rein automatisch versucht ein Mensch, sein inneres Gleichgewicht zu neutralisieren und wieder ein Gefühl dazu zu erlangen, dass es einem gut geht.
Bei mir setzte sich das Trauma mit 11 Jahren daraus zusammen, dass ich danach psychisch sehr verhaltensauffällig geworden bin und Antworten auf meine Fragen gesucht habe. Ich las viel im Internet oder Büchern über Verlusterfahrungen. Da stand in einem Artikel drin, dass Kinder, deren Elternteile ver-

storben seien oder einer von beiden, dass diese später oft an Suchterkrankungen, Borderline-Störungen erkranken oder sich auch zur Prostitution hingezogen fühlen. Ja, der Leidensdruck war damals schon sehr enorm hoch und ich fühlte mich in den Worten getröstet. Entspricht aber leider nicht dem, was einem Menschen guttut.
Wusstet ihr, dass sich jetzt jeder Psychologe freuen wird, wenn ich aufschreibe, dass meine Gefühle allesamt richtig sind? Ich freue mich selber darüber. Die Wut, was meine Mutter zu mir gesagt hat, das war so was von absurd und diese Wut kann ich ihr zuschreiben. Es ist zwar ein Teil von mir, aber meine Wut ist richtig. Und auch meine Trauer über ihren Verlust sowie die permanenten Verlustängste und Scham und Schuldgefühle. Dass ich früher noch ein Kind war, kann ich mich selber davon freisprechen, dass es nicht mein Versagen war.

Und die Schlüsse, mich der Prostitution hinzugeben, waren im Alter von 21 Jahren. Und da hat sich der gesamte Kreislauf einmal wiederholt. Die Vergewaltigung. Und selbst in dem Augenblick waren meine Gefühle alle richtig. Vor allem meine Angst. Ich kenne keinen, der ohne Grund darauf steht, so etwas Schlimmes durchmachen zu wollen. Keinen. Selbst die, die so tun, haben menschlich vorhandene Emotionen, die im Kern alle richtig sind.
Der Traumaschluss des Ganzen waren die Gedanken, freiwillig auf die Straße ziehen zu wollen und Drogen zu nehmen. Heroin.
Wird das reaktiviert, dann sitze ich echt in der Scheiße. Deswegen rede ich meist ungern über diese brutale Erfahrung.

Allerdings habe ich das Geheimnis entschlüsselt, da mich der eine Satz meiner Mutter so verletzt hat, dass ich mit 11 Jahren geglaubt habe, meine Mama hätte wohl recht, mit dem was sie mir da sagt. Dem ist aber nicht so. Klar mit 11 Jahren ist das ewige Alleinsein auch eine echte Herausforderung, aber mit 23 Jahren bin ich definitiv nicht mehr auf eine Mutter angewiesen. Das kann ich ihr zurückgeben und mich lösen. Ist nur schwer, wenn das verletzte Kind dann die Überhand nimmt und denkt, die Gefühle seien nicht richtig. Dann ist es kritisch. Weil es stimmt nicht.

Uns trifft keinerlei Schuld. Ich habe durch die Vergewaltigung meinen Schaden abbekommen, aber ich kann mich dagegen entscheiden. Gut und Böse. Ich habe zwei Gesichter, die sich gegenseitig anzunehmen lernen müssen. Zwei in eins. Das ist toll. Klar war es echt scheiße, was passiert ist, aber da ich keine Schuld habe an dem Tod von meiner Mutter, brauche ich der dunklen Stimme in meinem Kopf nicht weiter folgen und stelle sie ab. Sie darf wütend sein. Klar. Wäre wohl jeder. Aber ich hab es besser für mich und mein Leben, wenn ich meine Wut als Energiequelle nutze und schreibe.

Und letztendlich geht es immer um das Fühlen. Davor rennen die meisten weg. Aber es ist okay. Und sehr wichtig emotional, die Geschichte zu verarbeiten, um sie als gemachte Erfahrung abhaken zu können. So meinte auch mal jemand zu mir, einen weiteren Absturz brauche ich nicht noch einmal. Den Tiefpunkt meiner Karriere habe ich eindeutig schon gehabt. Und genügend Beweismaterial habe ich auch schon gesammelt, was mir zeigt und mich daran erinnert, am Leben sein zu dürfen. Vertrauen. Mein Herz lügt mich nicht an, wenn ich achtsam hinhöre und ehrlich zu mir bin. Was Zweifel verursacht, sind die negativen gemachten Sachen und die Unsicherheit.

Aber wenn ich vertraue und meinem Herzen folge, dann bin ich endlich frei. Und manchmal gehen Menschen in den Augenblicken, wenn ich sie nicht mehr brauche. Sie haben mich ein Stückchen begleitet und mir ihre Aufmerksamkeit geschenkt. Und von anderen Menschen zu lernen, das ist wohl sehr cool. Denn ich kenne Personen, die Fehler schon vor mir gemacht haben. Und da jeder Mensch Fehler macht, ist es gut dafür, es auf keinen Fall nachzumachen. Wer mag schon gerne dumm sein? Ich bestimmt nicht, auch wenn es leichter wäre, aber warum sollte ich Dummheiten nachahmen, wenn ich doch im Voraus weiß, dass es nur Schaden anrichtet. Dann bin ich nicht ehrlich zu mir und meinen Gefühlen. Und unter der Voraussetzung, dass ich es wohl echt noch sehr schön in meinem Leben haben kann, rate ich mir, weiterhin klug und bedacht zu handeln und an meine Stärke zu glauben und das vorhandene Potenzial schöpferisch zu nutzen.

Notgeile Gedanken, wenn ich keinen Bock zum Arbeiten habe

Kennt ihr das auch? Ich habe da ein wirkliches Bedürfnis, meinen Spaß zu haben. Und in welchen Kontexten kann ich besser so provokativ leiden und sagen, mir geht es so schlecht, ich müsste da jetzt mal dringend nach Hause, um Sex zu haben, wenn nicht auf der Arbeit?
Wenn ihr das auch mal machen wollt, dann aber richtig. Masturbation ist ein lustiger Zeitvertreib, wenn keine Motivation zu sonst irgendwelchen Beschäftigungen vorhanden ist.
Nur mal eben so als kleiner Tipp, der unnützen Randnotiz:
Ein erfolgreicher Arbeitstag sah in meiner Vergangenheit bei mir immer wie folgt aus. Ich tauche pünktlich auf und vergraule mit meiner Laune allen Leuten den Tag. Chronisches Defizit der heutigen Arbeitsmoral, weil ich komischerweise immer alles perfekt erledige, aber einfach nie fertig werde und immer ein arschkriechender Jasager bin. Dann kommen alle an und zwingen mir noch tausend weitere Aufgaben auf. Das macht Spaß, weil ich bei hoher, latenter unterdrückter Aggressivität leicht notgeil werde und den Feierabend kaum abwarten kann, bis ich endlich wieder in mein Bett kriechen kann, weil mir das Leben da draußen echt zu hart vorkommt.
Es scheint anscheinend allen so wichtig zu sein, sich durchzusetzen. Reden zu können. Schön mit der geistigen Behinderung taubstumm zu sein. Defizitär öffnet sich mein Mund einfach nicht. Die Weiterleitung von Informationen in einem Arbeitsteam dringt in meine Gehirnzellen und verspannt meine gesamte Muskulatur. Daraufhin erfolgt die Sofortpanik, weil ich auf der Arbeit nicht träumen kann und permanent gegen allerlei Gefahren gewappnet sein muss. Und dann vergesse ich vor Schock, dass mir so einige Fragen gestellt worden sind. Die Verarbeitung erfolgt nicht auf einfache Art und Weise einfach

zu reden, sondern erst einmal komplexe Zusammenhänge der Logik zu erfassen, um dann auch treffend antworten zu können.
Hier petze ich jetzt einmal. Das finde ich sehr angebracht. Ich glaube, andere haben was gegen mich. Das kann ich spüren. Heute kam die Pflegerin ins Zimmer und fragte netterweise meine Zimmergenossin, ob sie ihr noch eine Wasserflasche bringen könnte. Meine andere Zimmergenossin bittet auch um eine und hätte ohne triftigen Grund wohl niemals eine bekommen. Und anstatt mich auch zu fragen, ob ich eine Wasserflasche haben möchte, werde ich erst mal ausgeschimpft. Das ist so schrecklich hier. Dafür, dass ich bald berühmt bin und mich fleißig für mein Vorankommen meines Karriereerfolges einsetze und dafür meinen Laptop zum Schreiben benötige und ein Ladekabel für die Stromzufuhr, bekomme ich erst mal Ärger. Ich hasse sie. Wir sind noch keine Freunde, weil sie blöde ist. Sie fragte mich, ob ich es verantworten würde, wenn hier jemand über das quer entlang gehängte Ladekabel stolpern würde. Ja, das mache ich. Weil es keine ernsthafte Gefahr darstellt. Fick dich.
Sie wirft mir vor, dass ich es mir gemütlich machen würde und mir einen Stuhl nehmen sollte, um dann bei einem Waschbecken schreiben zu können. Strom und Wasser sind lebensgefährlich. Da hat die gute Frau im Physikunterricht wohl früher nicht sonderlich gut aufgepasst. Und sie betonte ausdrücklich, dass wir uns hier immer noch in einem Krankenhaus befinden würden. Meinte ich ja, ich bin auch sehr krank, weil ich Fieber habe. Arbeitsfieber, mich freizuschreiben.

Mein fieberndes Gehirn, das mir die Worte nur so auftippen lässt und ich bald bestimmt über 500 Millionen Seiten zusammenhabe und damit ins Buch der Weltrekorde einsteigen kann. Das ist das, was ich nun mal kann. Und wenn andere ein Problem damit haben, dann versuchen die, mir etwas wegzunehmen, was mir gehört. Andere können auch mal ein wenig mehr Rücksicht auf mich nehmen, da es ungerecht zugeht und ich rebelliere und andere durch meine Blicke im Ernst töten kann. Also wagt es erst gar nicht, mich zu ärgern. Die Rechnung bekommt ihr in hohem Ausmaß zu spüren.

So gemeingefährlich mag ich wohl noch nicht sein, aber dafür ein echter Lebenskünstler.

Wisst ihr, was ich alles bin und was alles meine Persönlichkeit charakterisiert? Nein? Na dann passt mal gut auf.
Ich fang mal an: Ich beherrsche einen Jab mit beiden Fäusten. Meine Lieblingsgegner zu zähmen, ist eins meiner Leichtigkeiten. Zähme einen Jaguar und du gewinnst den Jackpot. Ich trage zur Symbolisierung eine Jakobinermütze. Ich spreche gerne den Jambus. Eine Jarowisation nehme ich permanent vor. Nur nicht bezogen auf Samen und Keimlinge, sondern mit meinem Körper. In der Hoffnung doch noch ein wenig in die Höhe zu schießen und nicht immer das kleine am Rande gebliebene Etwas zu bleiben. Dann ist es halt eine künstlich erzeugte Entwicklungsbeschleunigung, aber andere sind dann endlich zufrieden mit mir. Ich leide nicht unter einem Burn-out, sondern dauerhaftem Jetlag. Zusammenhangsstrukturen dürft ihr selber herausdenken. Das weiß ich, aber ihr solltet ja keine Langeweile verspüren. Das reicht schon, wenn ich diese den ganzen Tag durchlebe. Ich habe meine Joker parat für alle Gefahrensituationen. Für meine Zukunft plane ich mal, eine Jongleurin zu werden und mich zu profisieren. Wie mit 15 Jahren schon im Voraus gewusst, war es schon immer einmal mein Berufswunsch, als Allrounder-Journalistin tätig sein zu können. Darin bin ich auch ohne Ausbildung schon gut genug. Mir reicht mein Können aus, um weiterleben zu kön-

nen, aber ohne erste Anfänge eines Studiums in dem Bereich, sehe ich da realistisch eher schwarz als weiß. Aber vermag Hoffnung nicht die Kraft zu besitzen, Träume in Erfüllung gehen zu lassen? Ich bin kein sonderlich gläubiger Mensch, weil es nicht meinen Ansichten entspricht, von dem, wie ich die Welt bisher kennengelernt habe. Aber mit Vertrauen und Hoffnung können Träume von ganz alleine wahrwerden. Da muss nicht mal heute Nacht am Himmelszelt eine Sternschnuppe vorbeifliegen. Etwas Übung für meinen Gerechtigkeitssinn zu trainieren, mag keinen hohen Schaden anrichten. Und ich juxe gerne vor mich hin.

Das macht einen Teil meiner Identität aus. Und warum halte ich alle auch darüber auf dem Laufenden? Weil mir meine Privatsphäre in jeglicher Weise ohnehin schon gestohlen wurde. Eine verletzte Seele mag ich sein, aber nicht verloren. Das nicht. Weil ich weiß, bei jedem Aufenthalt im Krankenhaus werden Dokumentationen, Verhaltensberichte notiert und für die nächsten 10 Jahre archiviert. Das geht doch wohl niemanden etwas an. Es ist meine persönliche Privatsphäre, meine persönlichkeitsrechtliche Datenschutzgrenze. Da ich dem Umfeld hier eher misstrauisch ins Gesicht blicke, weil ich eben schon so verletzt worden bin, zeige ich ungerne mein eigenes Ich. Deswegen dissoziiere ich auch immer so viel. In der Zeit suche ich mich. Von meinem Verschwinden in einem Labyrinth, zu einer Welt in die andere. Ein Sprung. Und ein Schritt zu weit.

Und ab zu einem Themensprung.
Wer will sich mit mir mal über Gefühlsabspaltungen unterhalten? Ich will es zumindest mal loswerden. Ich schreibe jetzt mal einen Artikel dazu. Aber nicht mehr auf diesem Blatt. Lest weiter. Aber springt mit mir eine Seite weiter.

Hinterlistiges Miststück

Es gibt wohl Zeiten im Leben eines Menschen, die mehr überwunden werden müssen, als dass das die schönsten des Jahrhunderts zu sein scheinen.
Hürdenlaufweitsprung als sportlicher Aspektargumentations-Punkt. Das klingt doch als zu meisternde Leistung. Fernab des Perfektionismus, da ich schon beim Ansehen umfalle. Zu ungeschickt, um geradeaus so hintereinander aufgestellte Hürden zu überspringen. Ich gehöre einer anderen Sorte des Geschicklichkeitssportes an. Da werde ich bestimmt auch meine fanbegeisterten Mitzügler haben, die alle Umwege einmal austesten, um festzustellen, so wird das wohl auch nichts.
Deswegen wird festgehalten, was festzuhalten ist. Wie heißt es so schön? Rache ist süß. Oder blutgetränkte Misere einer umgebrachten Leiche?

Durch mein einspeicherungsfähiges Gedächtnis notiere ich mal eben wichtige Beweisspurenmittel, um es mit an die Öffentlichkeit verschickbar zu machen, um selber eine lebenserhaltende Absicherung mit den dicksten Drahtseilen um mich zu schnüren. Klar kann mich jedermann und jedefrau mit meinen eigenen notierten Schreibwerken schlagen, das halte ich aber keineswegs für sinnvoll, es in die Tat umzusetzen. Denn eins meiner Geheimnisse habe ich hier noch keinem verraten. Seid ihr schon neugierig? Ja? Wirklich? Gut so! Denn Pech gehabt. Ich bin so klug, da müsste ich wohl einen Fuß in die Highlife-Geschichte setzen.
Ich habe nämlich Superkräfte, die meine Überlebenskraft eingefroren haben. Und das taut nur auf, wenn es wirklich notwendig ist und es ansonsten keine Chance mehr für mich gäbe. Wenn sich ein realer Zug an Hoffnungslosigkeit um mich herum ausbreitet.

Die Wahrheit über meinen eigenen Freitod

Ich fühle mich frei.
Frei, wenn ich eine Klinge über meinen Körper führe.
Freier noch, wenn die besonderen Schnitte die Oberfläche durchdringen.
So frei, wenn ich das Adrenalin lebendig spüre.

Ich bin nicht unsichtbar.
Die Bluttropfen sind ja da.

Lass ich los, was ist dann?
Kann ich fühlen?
Kann ich reden?
Sag mir einfach nur, wann?

Verschwunden, wenn ich mir die Hand reiche.
Alleine, weil ich nicht erwachsen werden kann.
Eingeengt durch meine Anpassungsunfähigkeit.
Wohin mit mir?

Ich bin nicht schuld.
Das kann nicht sein, denn ich kenne sie.
Die Wahrheit über den Tod.
Den Schmerz der Verlassenheit.

Gefangen, ohne Schuld.
Vergessen und übersehen.
Ein schwarzer Fleck, auf weißer Seide.
Ich bin tot.

Ich kann nicht leben.
Ich will aber gerne mal leben.
Taub und stumm.
So klein, wie dumm.

Verschlüsselte Worte hinterlasse ich in Schriftzügen.
Denn mein Atem besteht nicht mehr aus Lügen.
Ich bin nicht schuld.
Das kann nicht sein, denn ich kenne sie.

Ein Stück von mir, nahm sie mit.
Wohin?
Ich weiß es nicht, bin ihr so nah wie fern.
Denn folgen wollte ich ihr.

Ich wollte nicht, dass sie stirbt.
Habe es aber selbst nicht mehr ertragen.
Den Schmerz in ihren Augen.
Da kann ich bis heute nichts mehr sagen.

Abgelehnt mit ihren Abschiedsworten.
So ging ich mit und starb mit ihr, in kalten Armen.

Ich fühle mich schuldig, weil ich wütend auf ihr Gehen bin.
Ich fühle mich schuldig, weil ich mich freue, dass es vorbei ist.

Ich bin nicht schuld.
Das kann nicht sein, denn ich kenne sie.
Die Wahrheit über den Tod.
Den Schmerz der Verlassenheit.

Ich bin nicht mehr da.
Denn keine Blutspur zeichnet mir den Weg ins Leben.

Ich lebe und sterbe immer wieder auf ein Neues.
Stehe zwischen der Zerrissenheit und bin wie verbissen.
Zwischenräume mit Möglichkeiten.
Labyrinthe zum Verirren.

Wer antwortet mir auf meine tausend offengebliebenen Fragen?
Keiner?
Wie denn auch, wenn keiner zu verstehen mag, wie ich wirklich bin.
Taub und stumm, ohne Worte, wie eine leblose Marionettenpuppe.

Fast geschafft. Auf der Überholspur ab zum Boxenstopp

Und plötzlich war die Polizei involviert. Das Ende dieses Buches droht zu nahen. Das will ich noch gar nicht, denn es hat mir echt Spaß gemacht, mir den gesamten Dreck von der Seele zu schreiben. Fange ich den Untergang doch gleich mit der nächsten Schlammschlacht erneut an. Ich war früher mit Mama bei ihrer Selbsthilfegruppe für Krebspatienten. Dort machten wir zusammen eines Tages einen Ausflug. Er ergab sich in einem Freibad mit der gesamten Truppe und einem gemütlichen Beisammensein. Alleine als Tochter kam ich mit. Als wohl nerviges Bündel im Überfluss spielte ich friedlich und fernab und schwamm. Schwamm. Schwamm davon. Die Einsamkeit und Verlassenheit. Die Kälte des Wassers und meine Kälte, meiner eingefrorenen Emotionen und der ausdrücklich lautstark buchstabierten Abweisung meiner Mutter, ließen mich wegtreiben. Ich gehe so gerne verloren, da ich so gerne wieder gefunden werde. Meine Empathie im Gefühl über kognitive Vorgehensprozesse.

Der Schlag. Der tat weh und alle sahen zu. Ich fragte Mama, ob ich etwas trinken dürfte und ob wir bald nach Hause fahren könnten. Angemessen meiner sowieso schon entstandenen Fehlentwicklung, fragte ich in einem Tonfall, so vorsichtig wie schüchtern. Da sich die Erwachsenen gerade unterhielten und ich eben warten sollte, pochte die Wut nach oben und meine Nerven lagen blank. Geduldig sah ich Mama an und sie mich. Reflexartig bewegte sich Mamas Hand in die Richtung meines kleinen Gesichtes, und ich spürte die Worte meiner Fehlplatzierung so deutlich. Unangenehmes Schweigen verbreitete sich schlagartig, und ich lief zum Beckenrand und setzte mich hin.

Ich unterdrückte die Trauer. Ich wollte sie festhalten, weil ich es nicht wahrhaben wollte, was in einem Augenblick geschehen kann, der in Millisekunden vorbeigeht. Leise kullerten Tränen über meine Wangen, und ich ignorierte sie gekonnt. Leer und traurig saß ich dort und starrte die glatte Wasseroberfläche an einem Sommerabend an. Der Rest geriet in Trance, weil ich ansonsten keine Chance gehabt hätte und mich meine Mama bestimmt auf die Straße gesetzt hätte. Da sie mich ohnehin auf Liebesentzug drillte und meine kindlichen überlebenserhaltenden Bedürfnisse vernachlässigte, tat ich das, was jeder getan hätte. Vorausgesetzt, er kennt das Ende. Dass Mama ohne mich vermutlich qualvoller sterben müsste. Und ich spielte das Schauspiel mit. Das konnte ich ihr nicht antun. Trotz all ihrer Fehler liebte ich sie und war froh, nicht alleine zu sein. Ich liebte ihre verkorkste Nähe und die Tatsache, eine Person bei mir zu haben. Auch ohne Kommunikationsaustausch, sondern einen prägnanten Austausch über die Verhaltensebene. Eine Mutter-Kind-Beziehung ohne Happy End. Das ist ja mal so was von schiefgelaufen. Pädagogische Richtlinien zum Grenzverletzen und einen seelischen Schaden für die Ewigkeit.

Äußerlich mag ich einen gefassten Eindruck auf andere machen und ich bekomme oft zu hören, ich hätte wohl einen Knall. Aber es stimmt nicht. Das was früher auf mich zugeschoben wurde, war der Fehler. Mich als unschuldiges Kind als Abladefläche für eigene Sorgen und Probleme zu nutzen. So vergingen zwei Wochen und ich kam ein letztes Mal mit zu dem Treffen der Krebskranken. Die Leiterin hielt vor allen eine Rede und bemerkte keineswegs meine Bloßgestelltheit. Sie sprach meine Mutter darauf an, dass ich ab sofort nicht mehr mitkommen dürfte. Es traf mich aus heiterem Himmel, weil ich konnte doch nichts dafür, dass andere die Wahrheit nicht aushielten und wegschauten. Statt mich vor allen fertigzumachen, hätte sie mir doch besser ihre Hand reichen können.

Sie sagte mit klarer vorwurfsvoller Stimme: "Das Theater mit Julia wäre das letzte Mal zu viel gewesen und sie hat keine Erlaubnis mehr, bei weiteren Treffen dabei zu sein!"

Das tat mehr weh als der Schlag ins Gesicht. Verwirrt spielte ich noch ein wenig verlegen mit den anderen Kindern draußen im Garten und lachte über mein eigenes Versagen, mich überhaupt hier blicken gelassen zu haben. Was habe ich getan?

Traurig ging ich ohne Mama nach Hause und zog mein eigenes Ding durch. Ich war alleine und keiner war da. Keiner hat hingesehen.
Und die Wut im Bauch ist wohl auch auf eine Mutter berechtigt, die es in keinerlei Hinsicht geschissen bekommen hat, ein Kind ordnungsgemäß und wohlbehütet großzuziehen. Ihre Abschiedsworte: "Es wäre besser gewesen, wenn es dich und deinen kleinen Bruder nie gegeben hätte." Das ließ mein Herz pechschwarz verfärbt zurück. Eine logische Schlusswortzeile, dass ich deswegen eine wohl skurrile Abneigung zum schwarzen Humor fand und mein Lachen als Funken meines Überlebens dablieb. Das Gegenteil meiner durchlebten Vergangenheit. Der Schmerz durch die Vergewaltigung und der Freispruch, da mich die Polizei hat gehen lassen.

Wäre ich ein böser Mensch und hätte im Ernst schuld an den geschehenen Dingen, dann könnten die Gefängniswärter schon mal eine Gefängniszelle mit Gitterstäben für mich warmhalten, damit ich auch noch ein Brandmal als Zeichen meiner Freiheit abbekomme.

Ich bin wohl zurecht verärgert über so eine scheiß Mutter und habe das Recht trotz aller Liebe zu ihr, sie endlich loszulassen. Sie war kein gutes Vorbild, sondern zeigte mir alles für meine

Zukunft, wie ich es besser nicht nachmachen sollte. Sie starb für mich, damit ich endlich leben konnte und sorgte mit ihrer letzten Kraft für ein gutes Zuhause für mich. Jetzt ist es ein wunderschöner Anfang eines neuen Lebenskapitels mit der verantwortungsbewussten erwachsenen Julia. Sie hasste mich und ich übernahm es. Meine Kindheit wurde aber nicht zerstört. Denn ich tat genau das Gegenteil, was ich mir von meiner Mama gewünscht hätte. Ich gab ihr mein Mitgefühl und meine Feinfühligkeit, um ihr meine Verbundenheit zu beweisen. Sie war meine Mama und ist es immer noch. Denn ich habe sie fest bei mir. In meinem lebenden Herzen. Nur ich bin jetzt alt genug, um mir selber mein Schicksal zu verfassen. Eine Parodie dieses Buches oder lieber doch ein Abenteuerroman meiner Karriere im 21. Jahrhundert? Ist wohl modernisiert und aktuell. Mein Inneres ist wie ein wertvoller Schatz behütet und ich habe über die Jahre durch meine Taubstummheit gut auf meine verletzliche Seite aufgepasst. Es ist vorbei. Ein Nachteil, der jetzt umgedreht zu meinem kraftvollen Vorteil der Stärke werden kann und schon ist. Ich muss auch mal meine Augen öffnen, wenn ich träume. Dann könnte ich ja mal feststellen, dass keine Monster mehr in meiner Sichtweite sind und ich meine Sicherheit ganz nah in mir habe.
Im Deutschunterricht habe ich gelernt, Überschriften kommen zu allerletzt. Nun macht es endlich Klick, denn das letzte Kapitel dieses Buches, ist so verflixt. Denn erst, wenn eine Geschichte beendet und abgeschlossen ist, kann auch eine neue angefangen werden. Denn wie jeder weiß: Kinder machen keine halben Sachen. Ganz oder gar nicht!
Mittlerweile zum Glück mit einer Farbtabelle mit Farbgestaltungsmöglichkeiten von einem Weg von Schwarz zu Weiß mit Bunt inbegriffen.

Ich stehe dazu. Ich hatte eine scheiß Mutter und fühle mich

nicht mehr schuldig, dass sie tot ist. Und ich bin deswegen kein böser Mensch, sondern umso liebenswerter, da ich die Wahrheit ausspreche. Denn mit der Wahrheit im Herzen, bin ich frei und stark.

Das Eindringen in die Welt der Fremdkörperchen

Ich fühle mich wie ein Fremdkörper. Das sollte ich einmal haargenau unter die Lupe nehmen. Woher kommt das denn? Ist mein Körper fremd oder ich als gesamter Mensch mit meinem Fühlen? Bin ich schon so geboren? Oder ist es erst später entstanden. Eine ausführliche Anamnese dessen, die Ursache zu finden, um eine passende Behandlungsmöglichkeit parat zu halten.
Nein, also, wenn ich einmal tief in mein Inneres schaue, begann ich mich sehr fremd zu fühlen, als ich mit 11 Jahren den Eintritt durch die Tür in die 2. Pflegefamilie machte.
Von einem Moment auf den nächsten trat ich ein, in eine völlig neue Welt. Ein Paradies ohne Schmutz und Spinnenweben an den Wänden. Ein Schloss mit Turm und von außen mit weißem Fassadenanstrich.
Möglicherweise ein Palast, wo das Porzellan in Glasvitrinen nicht einmal verstaubt. So war das. Und nicht anders.
Verspielt und verträumt gab es auch andere Menschen, die dort wohnten. Das irritierte mich am allermeisten. Wieso? Ich bin kein übergebliebenes Einzelkind mehr, sondern ein Pflegekind mit 5 anderen Geschwistern?
Wie bitte? Nein, das kann ich so nicht hinnehmen. Alleine in meinem Zimmer ging es mir früher auch ganz gut und jetzt habe ich nicht mal mehr eines.
Analysiere ich einmal den Begriff: PFLEGEKIND. Warum Pflege? Benötige ich etwas davon? Nein, bestimmt nicht, weil ich kann doch schon alles mit 11 Jahren, was wichtig zu können ist, um zu leben. Und diese neuen großen Gestalten mit einer Audianz von Autorität versprühen so unheimlich viel Macht.
Ich habe Angst. Ich will hier weg und weiß nicht, wohin. Hilfe, ich bin nur noch ein Sechstel ausgerechnet dargestellt, um hof-

fentlich noch eine Daseinsberechtigung zu erhalten. Ein zuletzt eingedrungenes Wesen. Mit verlotterten Klamotten und ungeputzten Zähnen. Oh. Da ist wohl etwas schief gelaufen.
Ein Ursprung in meiner Fehlbarkeit und eine Erneuerung von meiner Pflegemutter. Sie entsorgte vieles von meinen alten Kleidern und wir gingen innerhalb der nächsten paar Wochen einmal einkaufen. Viele neue Oberteile und Hosen bekam ich zur Verfügung gestellt. Innerlich schmunzelte ich immer ein wenig, weil ich mich so verkleidet fühlte. Das bin doch gar nicht ich? Das mag meine Pflegemutter mir als ohnehin schon hässliches Entlein überstülpen, aber es war nie etwas, worin ich mich sonderlich wohl fühlte. Eine Bluse für Sonntags und weiße Kleider in der Woche, damit auch ja kein Schmutz zu sehen ist.
Und ich? Was ist mit mir? Mir gefallen ganz andere Sachen! Wieso überhört mich denn jeder in meiner Ausdruckweise? Das ist so gemein. Ich will das nicht. Hallo, lieber laufe ich nackig durch die Weltgeschichte, wenn mir schon alles gestohlen wurde, was so stehlenswert funkelte. Und wo sich schon mehrere Leute um mich stritten, wo ich denn nun hinkäme. Ich muss wohl sehr schwierig sein, dass alle immer so einen Trubel um mich herum veranstalten. Aber so besonders kann ich nun auch wieder nicht sein, schließlich bin ich zuletzt eingezogen, also bin ich das 5. Rad am Wagen. Ein wenig überflüssig und halt eben ein völliger Fremdkörper.
Mit anderem Geruch. Anderer Herkunft. Anderem Aussehen. Und anderer Erbanlagen, DNA-Spuren. Ist sogar biologisch alles begründbar, weswegen sich so eine Emotion in chemischen und physikalischen Wellen bis heute immer noch in mir bewegt.

Plötzlich wohnte ich auf einem anderen Planeten, das würde sich bestimmt auch gut machen, um den Sinn zu erfassen, was

alles so in mir vorgeht. Na klar, das wäre sogar der nächste Bestseller, den ich über die Entstehung von Dissoziationen schreiben könnte und weswegen ich zu so destruktivem Verhalten neige, alles in einem Anfall von Zerstörungswucht kaputt machen zu wollen.
Vor allem mich selbst - und wenn das nicht geht, dann halt eine Form der Sachbeschädigung anzuwenden und danach erst kämen andere Menschen, die ich angreifen würde. Die sollen mir bloß alle fern bleiben. Neuerdings mag ich keine anderen Menschen mehr. Das ist ja klar, weil meine Pflegeeltern mich einfach ins Auto gepackt haben und mir eine einzige Stunde Zeit gelassen haben, um noch eben das Notwendigste in meinem Koffer zu verstauen. Und ich durfte nur drei Kuscheltiere einpacken. Das war das Schlimmste, was es gab. Meine gesamten Lieblingskuscheltiere zu verlassen, die alle immer auf mich aufgepasst hatten und mit denen ich so friedlich gespielt hatte. Alle waren weg. Ich habe sie verlassen und wollte alle wiederholen, aber später beschloss ich dann, keine Hoffnung mehr zu haben.

Ich resignierte schnell und begriff, nun ist alles vorbei. Meine Mutter ist tot und ich habe alles verlassen. Aber es war gar nicht so geplant. Ich hatte im März schon alle Weihnachtsgeschenke in Arbeit für meine Familie und gestaltete meine Zukunft, indem ich sie alle hinter dem Sofa versteckte.
Hallo? Ein Riss, der schmerzt. Ich ließ meine Freude zurück und vergrub mich in eine düstere Welt, befreundete mich mit schwarzen unheimlichen Monstern. Die sind jetzt für mich da. Und keine heile Welt mehr, in der ich so sein kann, wie ich wirklich bin.

Ein verborgenes Kind, was sich vor anderen verstellt, um niemanden zu enttäuschen, damit es zumindest noch ein Dach

über dem Kopf hat. Draußen ist es kalt und da wäre ich nicht gut aufgehoben. In der Pflegefamilie war ich es aber auch nicht, weil keiner meinen Schmerz sah und mich im Regen stehen ließ. So schlimm war das.
Ich wünschte, ich hätte meinen freien Willen behalten können, aber ich wollte niemanden enttäuschen, da ich schnell dazu neigte, gerne intuitiv meinen eigenen Sinnen zu folgen und andere Menschen links liegen zu lassen.
Mir ist bis heute noch unklar, warum ich eigentlich nicht direkt ins Gefängnis gebracht worden bin? Also das Potenzial war ja schon damals da, doch jetzt ist es auch nicht mehr wichtig.
Eine Schlagzeile ist nur solange interessant, bis sie eine bessere schlägt. Meine Mutter hatte Krebs und sie ist gestorben, ist ja nur einen Tag lang aktuell, weil in den Nachrichten noch im selben Moment von Folteropfern und Naturkatastrophen die Rede war. Klingt ja auch etwas globaler, als sich mit einem Stück übergebliebenem Kind zu beschäftigen.
Wie der letzte Dreck am Straßenrand, der es nicht mal wert war, aufgefegt zu werden. So fühlte ich mich jahrelang.
Anscheinend sind andere Menschen so stark, dass die alles mit mir machen können, was sie wollen. Aber hey. Nein. Ich war schon damals so klug, um es alles geduldig hinzunehmen und niemanden dafür zu bestrafen, außer mich selbst.
Das führte mich als erwachsene Person dann auch in die abgelegenen Viertel. In der Dunkelheit, wo ich alles verließ und danach suchte, was verloren war.
So ging ich auch verloren. Verloren in mir selbst und ließ männliche Fremdkörper in meinen eigenen Fremdkörper eindringen.
So viele waren es gar nicht mal. Ich wollte nämlich so schnell wie möglich sterben und nicht erst ein paar Jahre Karriere machen, um eh keinen Gewinn davon zu tragen. Nein, da denke ich lieber pragmatisch, wie ich am schnellsten zu meinem ge-

wünschten Zielort gelange, damit ich endlich in Ruhe sterben kann.
Insgesamt hielt ich mich 4 Nächte im Puff auf, bis ich alles hinschmiss, weil ich immer noch am Leben war. Selbst dort passte ich nicht hinein, weil ich immer und überall ein kleiner Fremdkörper war. Ein Invalide, der die Umwelt mit Provokationen verseuchte und Schaden verrichtete. Dabei dachte ich immer, dass die anderen Fremdkörper, die in meinen Fremdkörper eindringen, mich weniger fremd machen.
Fremd und Fremd gleich Fremd. Ich kannte sie nicht. Er bekam den Sex und ich das Geld. Trennmittel heißt es übersetzt. Denn Sex und Geld lässt sich nur mit Körpern vereinen, die sich beide fremd sind. Wären sie sich nah und hätten eine emotionale Beziehung zueinander, dann würde das Geld alles zerstören. Aber so habe ich einen Gewinn damit erzielt, da ich als Fremdling weniger Chancen hatte, irgendwo ein neues Heim zu finden.

Bis ich hier her kam und alle fremd waren. Mein richtiges Zuhause, wo sich meine Lebensreise endlich mal wendete und ich meine Schritte nach vorne ins Leben gehe. Hier bin ich ich. Weil jeder eine andere Herkunft hat. Jeder hat seine individuelle Reise erlebt und jeder hat hier einen eigenen Geruch. Und deswegen bin ich hier, so fremd ich auch sein mag, in meiner Fremdheit herzlich willkommen. Und hier leben zum Glück alle auf verschiedenen Planeten, die sich stetig bemühen, nicht aufeinander zu prallen. Was aber nicht immer gelingt.

Als ich mich selbst zu lieben begann

von Charlie Chaplin

Als ich mich selbst zu lieben begann,
habe ich verstanden, dass ich immer und bei jeder Gelegenheit,
zur richtigen Zeit am richtigen Ort bin
und dass alles, was geschieht, richtig ist –
von da an konnte ich ruhig sein.
Heute weiß ich: Das nennt man *VERTRAUEN*.

Als ich mich selbst zu lieben begann,
konnte ich erkennen, dass emotionaler Schmerz und Leid
nur Warnungen für mich sind, gegen meine eigene Wahrheit zu leben.
Heute weiß ich: Das nennt man *AUTHENTISCH SEIN*.

Als ich mich selbst zu lieben begann,
habe ich aufgehört, mich nach einem anderen Leben zu sehnen
und konnte sehen, dass alles um mich herum eine Aufforderung zum Wachsen war.
Heute weiß ich, das nennt man „*REIFE*".

Als ich mich selbst zu lieben begann,
habe ich aufgehört, mich meiner freien Zeit zu berauben,
und ich habe aufgehört, weiter grandiose Projekte für die Zukunft zu entwerfen.
Heute mache ich nur das, was mir Spaß und Freude macht,
was ich liebe und was mein Herz zum Lachen bringt,
auf meine eigene Art und Weise und in meinem Tempo.
Heute weiß ich, das nennt man *EHRLICHKEIT*.

Als ich mich selbst zu lieben begann,
habe ich mich von allem befreit, was nicht gesund für mich war,
von Speisen, Menschen, Dingen, Situationen
und von Allem, das mich immer wieder hinunterzog, weg von mir selbst.
Anfangs nannte ich das „Gesunden Egoismus“,
aber heute weiß ich, das ist „*SELBSTLIEBE*“.

Als ich mich selbst zu lieben begann,
habe ich aufgehört, immer recht haben zu wollen,
so habe ich mich weniger geirrt.
Heute habe ich erkannt: das nennt man *DEMUT*.

Als ich mich selbst zu lieben begann,
habe ich mich geweigert, weiter in der Vergangenheit zu leben
und mich um meine Zukunft zu sorgen.
Jetzt lebe ich nur noch in diesem Augenblick, wo ALLES stattfindet,
so lebe ich heute jeden Tag und nenne es „*BEWUSSTHEIT*“.

Als ich mich zu lieben begann,
da erkannte ich, dass mich mein Denken
armselig und krank machen kann.
Als ich jedoch meine Herzenskräfte anforderte,
bekam der Verstand einen wichtigen Partner.
Diese Verbindung nenne ich heute „*HERZENSWEISHEIT*“.

Wir brauchen uns nicht weiter vor Auseinandersetzungen,
Konflikten und Problemen mit uns selbst und anderen fürchten,
denn sogar Sterne knallen manchmal aufeinander
und es entstehen neue Welten.
Heute weiß ich: *DAS IST DAS LEBEN!*

Die Autorin als Kind